箋素珍賞

國家圖書館藏近現代百位名人手札

國家圖書館出版社 編

國家圖書館出版社

圖書在版編目（CIP）數據

箋素珍賞：國家圖書館藏近現代百位名人手札／國家圖書館出版社編.—北京：國家圖書館出版社，2011.1

ISBN 978-7-5013-4480-2

Ⅰ.箋… Ⅱ.國… Ⅲ.①名人－書信集－手稿－中國－近代 ②名人－書信集－手稿－中國－現代 Ⅳ.K820.5

中國版本圖書館CIP數據核字（2010）第251003號

書　名　箋素珍賞——國家圖書館藏近現代百位名人手札
編　者　國家圖書館出版社 編

責任編輯　王 冠　王燕來
封扉設計　九雅工作室

出　版　國家圖書館出版社（100034 北京市西城區文津街7號）
發　行　(010)66139745,66175620,66126153
66174391（傳真），66126156（門市部）
E-mail　cbs@nlc.gov.cn（投稿）
Website　www.nlcpress.com→投稿
經　銷　新華書店
印　刷　北京聯興盛業印刷有限公司
開　本　880×1230 毫米 1/16
印　張　16.5
版　次　2011年1月第1版　2011年1月第1次印刷

書　號　ISBN 978-7-5013-4480-2
定　價　680.00圓

目錄

張之萬　致岑春煊　〇〇一
胡林翼　致趙鳳昌　〇〇二
孫依言　致張之洞　〇〇五
彭玉麐　致張之洞　〇〇八
倪文蔚　致張之洞　〇〇九
葉衍蘭　致龔易圖　〇一一
洪汝奎　致趙鳳昌　〇一二
王　韜　致趙鳳昌　〇一三
劉坤一　致張謇　〇一六
潘祖蔭　致張之洞　〇一八
陳寶箴　致趙鳳昌　〇二四
李文田　致龔易圖　〇二六
張之洞　致梁鼎芬　〇三一
張聯桂　致趙鳳昌　〇三三
嚴信厚　致趙鳳昌　〇三五
方　楷　致趙鳳昌　〇三六
楊守敬　致趙鳳昌　〇三九
寶　廷　致張之洞　〇四三
鄧承修　致趙尊嶽　〇四八
金武祥　致趙鳳昌　〇五一
伍廷芳　致趙鳳昌　〇五四
呂海寰　致趙鳳昌　〇五五

繆荃孫　致趙鳳昌　〇五七
吴昌碩　致松窓先生　〇六一
盛宣懷　致趙鳳昌　〇六三
許景澄　致張之洞　〇六五
王懿榮　致張之洞　〇六七
徐庚陛　致天水君侯　〇七四
王秉恩　致趙鳳昌　〇七九
樊增祥　致趙鳳昌　〇八三
袁　昶　致張之洞　〇八七
張佩綸　致張之洞　〇九六
馮嘉錫　致趙鳳昌　〇九九
陳寶琛　致張之洞　一〇一
王仁堪　致趙鳳昌　一〇六
喬樹枏　致趙鳳昌　一〇八
沈增植　致王仁東　一〇九
吴兆泰　致趙鳳昌　一一〇
楊　模　致趙鳳昌　一一二
廖　平　致趙鳳昌　一一五
張　謇　致趙鳳昌　一一七
陳三立　致趙尊嶽　一二〇
錢　恂　致羅振玉　一二三
趙鳳昌　致元伯　一二六
陳　衍　致趙尊嶽　一二八
湯壽潛　致趙鳳昌　一二九

梁敦彥 致趙鳳昌 一三〇
朱祖謀 致葉恭綽 一三三
楊鋭 致趙鳳昌 一三四
陳夔龍 詩稿 一三六
潘飛聲 致趙尊嶽 一三七
許鼎霖 致趙鳳昌 一三九
劉鶚 致趙鳳昌 一四〇
宋育仁 致趙鳳昌 一四二
馮國璋 致趙鳳昌 一四三
孫德謙 致趙尊嶽 一四六
梁鼎芬 致張之洞 一四七
況周頤 致趙尊嶽 一五一
唐紹儀 致馮國璋 一五二
王清穆 致趙鳳昌 一五四
汪康年 致趙尊嶽 一五六
程德全 致趙鳳昌 一五七
鄭孝胥 致趙鳳昌 一六〇
端方 致趙鳳昌 一六八
章梫 致趙鳳昌 一七一
瑞澂 致趙鳳昌 一七三
孫中山 致趙鳳昌 一七四
羅振玉 致趙鳳昌 一七六
莊蘊寬 致趙鳳昌 一七七
張鶴齡 致趙鳳昌 一七九

李瑞清　致王仁東　一八六
張元濟　致趙尊嶽　一八八
張一麐　致趙鳳昌　一九一
鄧邦述　致趙尊嶽　一九三
徐乃昌　致趙尊嶽　一九五
孟　森　致趙鳳昌　一九七
章太炎　致趙鳳昌　一九九
熊希齡　致趙鳳昌　二〇一
孟昭常　致趙鳳昌　二〇五
曾廣銓　致趙鳳昌　二〇七
胡元倓　致趙鳳昌　二〇九
林葆恒　致趙尊嶽　二一三
丁福保　致趙尊嶽　二一四
易　儒　致葉公綽　二一六
黃　興　致趙鳳昌等　二一八
楊　圻　致趙尊嶽　二二一
李宣倜　致趙尊嶽　二二三
陳裕時　致趙鳳昌　二二五
許之衡　致趙尊嶽　二二七
黃炎培　致趙鳳昌　二二九
聶雲臺　致趙鳳昌　二三一
柳詒徵　致趙尊嶽　二三三
李宣龔　致趙尊嶽　二三四
葉恭綽　致趙尊嶽　二三五

楊庶堪　致趙尊嶽　二三六
陳劍虹　致趙鳳昌　二四二
章士釗　致趙尊嶽　二四四
李書城　致黃炎培　二四六
魏宸組　致趙鳳昌　二四七
張君勱　致趙尊嶽　二四九
後記　二五〇

雲階賢弟大人閣下：春雨連綿，餘寒未盡，不知
尊處今年月季花佳如何，想已有含苞吐蕊
開向東風矣。兄處今年月季枯槁特甚，可
觀之品恐難見花。桃嬌、漢宮、黃月季三種
尊處分本必多，望祈各
惠及數本，便中寄下是禱。專此布泐，敬請
台安，不備。
愚兄張之萬頓首

雲藍閣製

竹君仁兄大人閣下：違教數月，愈用欽企。去臘草肅寸牋，當蒙鑒察。近諗興居多豫，動履咸宜，至頌至頌。弟極署涇口，亡事可述。此差殺賊相去甚遠，嘗用爲且不害，不免益增縣累，然正自暫附耐守以待多機

函耳　舅兄委渡懸缺分為好路與庫之應
相等不似電搏雨場時有風雨之雲如粵
中近事兩岸終不相下久之必有翻騰西
北江鹽風甚熾英國且有派船緝捕之說
他國必換鍾而至釁端生多是在意中沼
江兩州兩將從此無寧日矣太原參案已結
美僑交部議變現委九龍勘畧成功之

終不相抵也並因渡漢赴西鄂之便順帶
黃州府署上陽邏砂仁二合小菜一罈聊以
將意即希
哂存再前在滬挪用廿番容續後奉繳
甚愧專肅敬請
台安統希
心照不宣弟芝頓首
正月廿日晚

蘅濤夫子大人閣下春明一别忽已逾二十
年不獲親教誨而大賢功名日盛彪炳所
設職編纂東西於文集頗日甚伏處上海鐸題
之區拙陋人世度昔時游舊亦不知天壤間爲有此
陳人也比惟
蒙清大業與時俱進性論世變之外又著述亦必益
多矣於欽企今方於庚辰春間一病要殆茶奉

右命遂獲退閒，今年七十三矣，戢食以啟而
兩耳絕矣，所聞我代廢物欲此本列門墻頌
書治經而甚於破碎工掾，全不思立之春官不成
一第，今亦四十矣。雖孫二人，後使之學，未亦所堪為
知己告者以此而已。前讀稍軒書目，閱當極矣，
而我永嘉之前輩遺集似尚未見寓目，前後謀
[illegible]稿部附拙稿二部，則狂[illegible][illegible]謹，姑付一笑而

已札屢聞叔家諸儒忠君為雄鷙止齋君為溫[illegible]拜西[illegible]情與衍薛文憲尤為卓絕一時而有徐常[illegible]寧補[illegible]年載合溪六書故戴文[illegible]浣川集許[illegible][illegible]涉齋集力求付刊[illegible][illegible]朱潘伍二氏叢書刻[illegible]仗大力[illegible]以傳吾鄉[illegible]因世好[illegible][illegible]仰[illegible]史[illegible]赴官手[illegible]

[illegible]

世愚弟孫衣言頓首

湘帥仁兄大人閣下：龔、廖兩鎮來電，推[illegible]琴帥並蘇撫皆不願歸節制，諒鈞處已見電信矣。本月昨日接彭紀南來函，特呈另覽，內有楊厚帥信稿數件。

勳安

弟麐頓首

昨孫閣代寄志忠亦已信來，此君[illegible]往之[illegible]不送閱。能此省非省帥交將帥多不和，最易有意，可見[illegible]也。

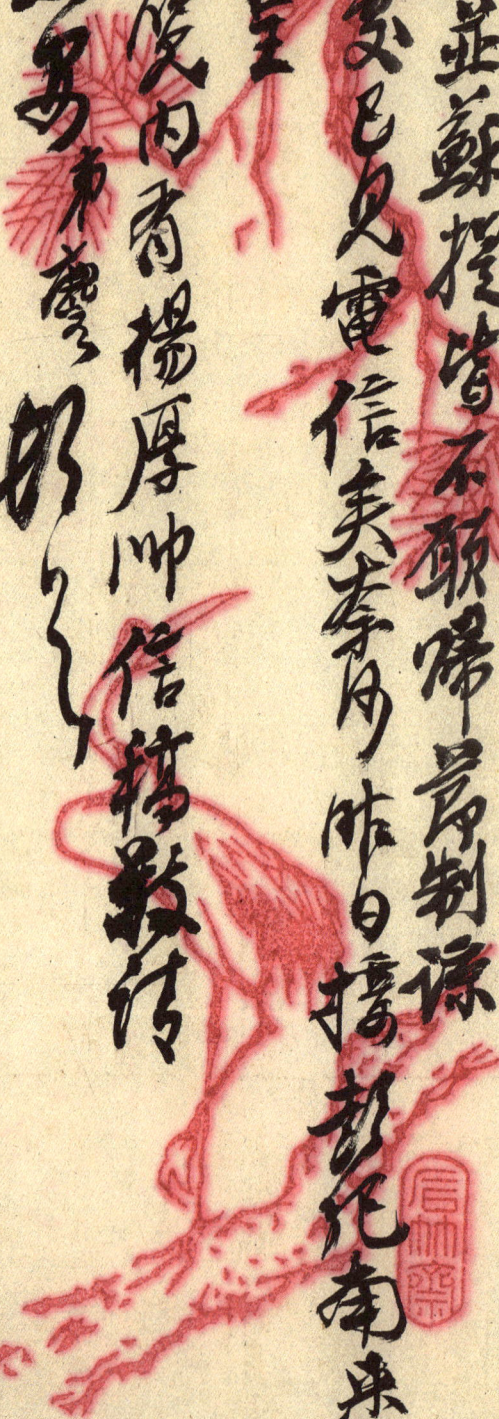

長洲居省防要隘礮臺營壘敎費經營成功万
不可棄張去則恐礮手隨之而去亦自可慮
尊處裁廣勝軍一營扗廣濟軍一營以張邦福（昨見蔡繆之云委處者不願裁以其宗周布）
一營扗廣勝一營撥隸李鎮如可不裁蔡部原營
又可添縫李鎮之缺長洲以兩營駐之足以坐鎮矣
張既撥隸李軍營制不能仍舊我用我法免却
多少斡旋擬爲安順雷瓊王道請多留水陸兩
營瓊州內防黎患外防洋盜以不宜多也單　叔雯侯

貴署批示業經奉下,敬悉。當交原差賚回。連日炎熱乍涼,雖於檢攝我公治事太銳,用心太精,積勞不覺,極易受病,尚乞隨時珍衛。不宣。敬請香帥世丈大人勛安。文蔚謹肅。十六日。

隄志原無甚精義,中間論脩防、募利弊,皆係八年在隄身親其役,稍有所得,或於此地能仿行之,求訓示為荷。

藹堂大公祖大人執事：頃承
枉顧，失迎，殊甚歉疚。
年款款識一切於其前日已裱好到宋處，
旨彼此意見相合，伊復函已詳述矣。
諸祈再趨
教，耑此奉祇請
勛安

治晚生葉衍蘭頓首
初八日

日昨暢聆

教言快甚弟今晚本有應酬恐又不克進署聞廣生輪船十四開行

擬先運木器行

費神先索海關護照一紙於十三早下為盼弟必須移至舍弟署方

好定行期擬明午往行告辭行好緣本有俗事必須走外料

理一二日返日為酒食所困殊未撥如敢請

竹君仁兄大人升安弟瀛理奎

護照應如何寫法行代酌

竹君司馬仁兄大人閣下疊奉手翰亮邀荃鑒遠樹暮雲時深遐想比維起居安豫動止綏康定符所頌弟自六月中偶感新涼喘疾劇發臥病兼旬至今未愈日在藥爐火邊作生活上海風景如常友朋中殊少得意者方軍門照軒隕大星於嶺南張宮保朗

齋騎箕尾於山左，慨棟梁之已折，痛知己之云亡矣。
襟為之黯然。近日歡場亦多變幻，蓉城仙
子已在八詠樓中，為瘦腰生所獨據也。
如吳姬佩香、林姬黛玉，皆已擇人而事。東
風有主，已有所歸，而復行[illegible][illegible]則有若謝秀
英（蒼名徐秀貞）、徐蕙蓀，昔是而顧蘭蓀，則琵琶一
抱，曲未終而人已遠矣。後起之秀，於林桂芬

爲歡出冠時，花娟月妍，其多在肯，憎其不壽耳。未識閣下何時來此，衛樓話舊，一聞此中人耶？一年容易，又過重陽，臥病蒙齋，也未奉訪。更程蒲孫太史鄂中返櫂，同病相憐，昨日來作清談，今由蘇郡而回通州矣。述閣下行止，畢石時有芳谷之游，特過此來，得一見也。此外維爲道自愛，不宣。弟王韜頓首上

辛卯九月二十八日

辛巳秋七月子祥寫

季直仁兄大人閣下誦十四日
惠書知叔蘊譯師範及中小學章程不日可全
行將先覩為快課書審定屬之仲弢必能盡
善盡美茲事體大得
公與諸賢相助為理幸何如之
垂示澄衷蒙學堂緣始及章程具悉葉氏父子
獨捌此舉前後捐貲至三十五萬前無古人
誠如

尊論奏請

旌贈禮亦宜之至請

勅列國史義行傳名實非不相稱弟恐部吏不察或

為所格反致難於轉圜鄙意是用躊躇尚希

高明酌之兵輪遇便運機早經飭知龔道當更

飭上海輪船支應局以期接洽也肅復敬請

道安不備

教弟劉坤一頓首

孝達世丈大人閣下：[illegible]留之[illegible]揀[illegible]
究竟所仍下駟，[illegible]廣[illegible]如[illegible]人[illegible]
受[illegible]珠矣
[illegible]

以鞠裳照燈瀛寫出刻可從
如積六韻如有仲約老同當
與其蘭孫對李孝珠絕雜
擬意 芬當何人 劉寄廬

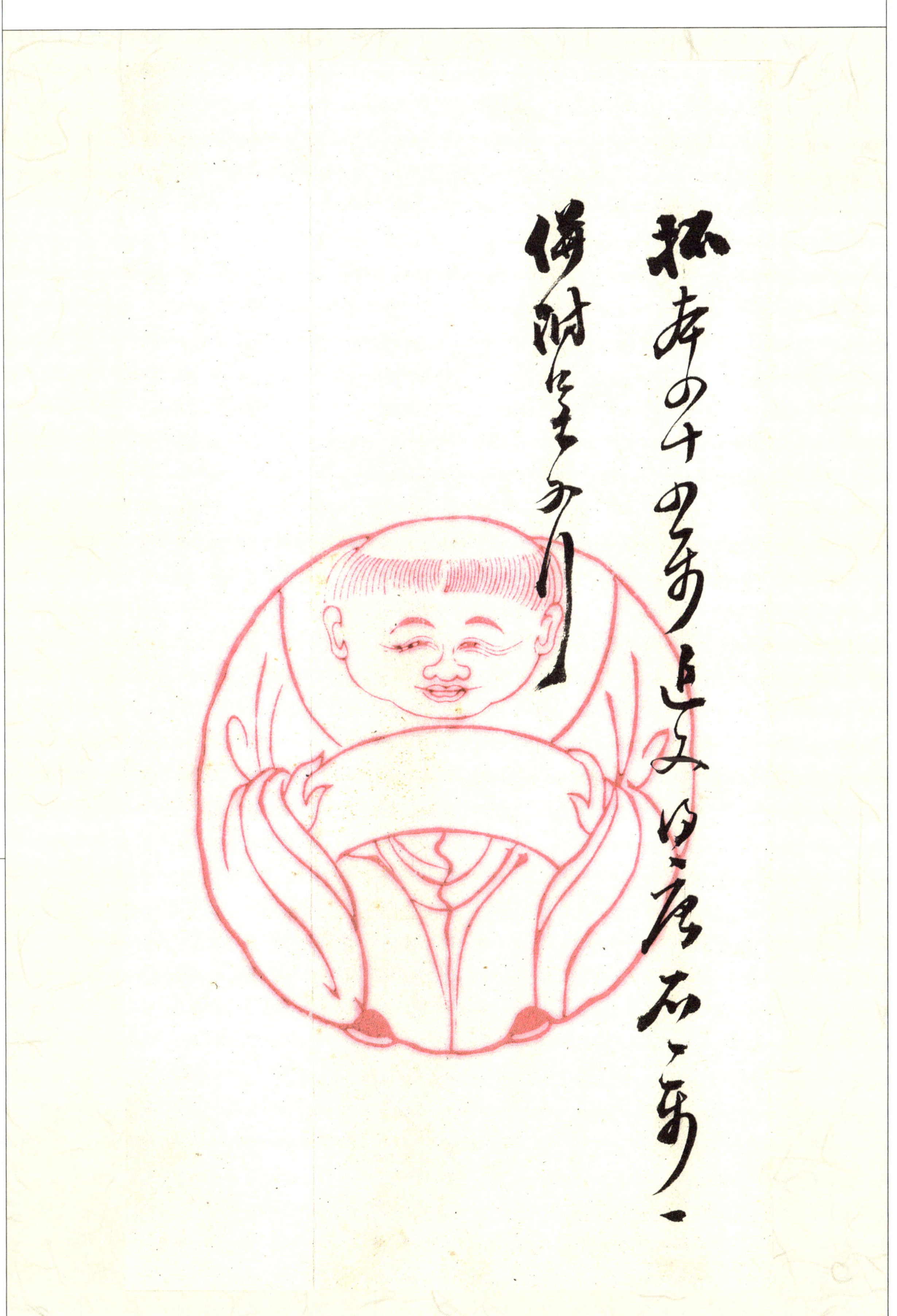

竹君仁兄大人閣下：日前
枉過，當擔走候，爲歉。前日
制憲許出清溪文書存旅，與徐伯蘭大
令面商，或用石印，或覓善手鈎刻。昨據送來
鈎刻式樣二帋，似與原本無大差池，特將
原式及徐令來信並上，祈　轉呈
帥坐鑒核，明日衙參時再爲請示遵辦。

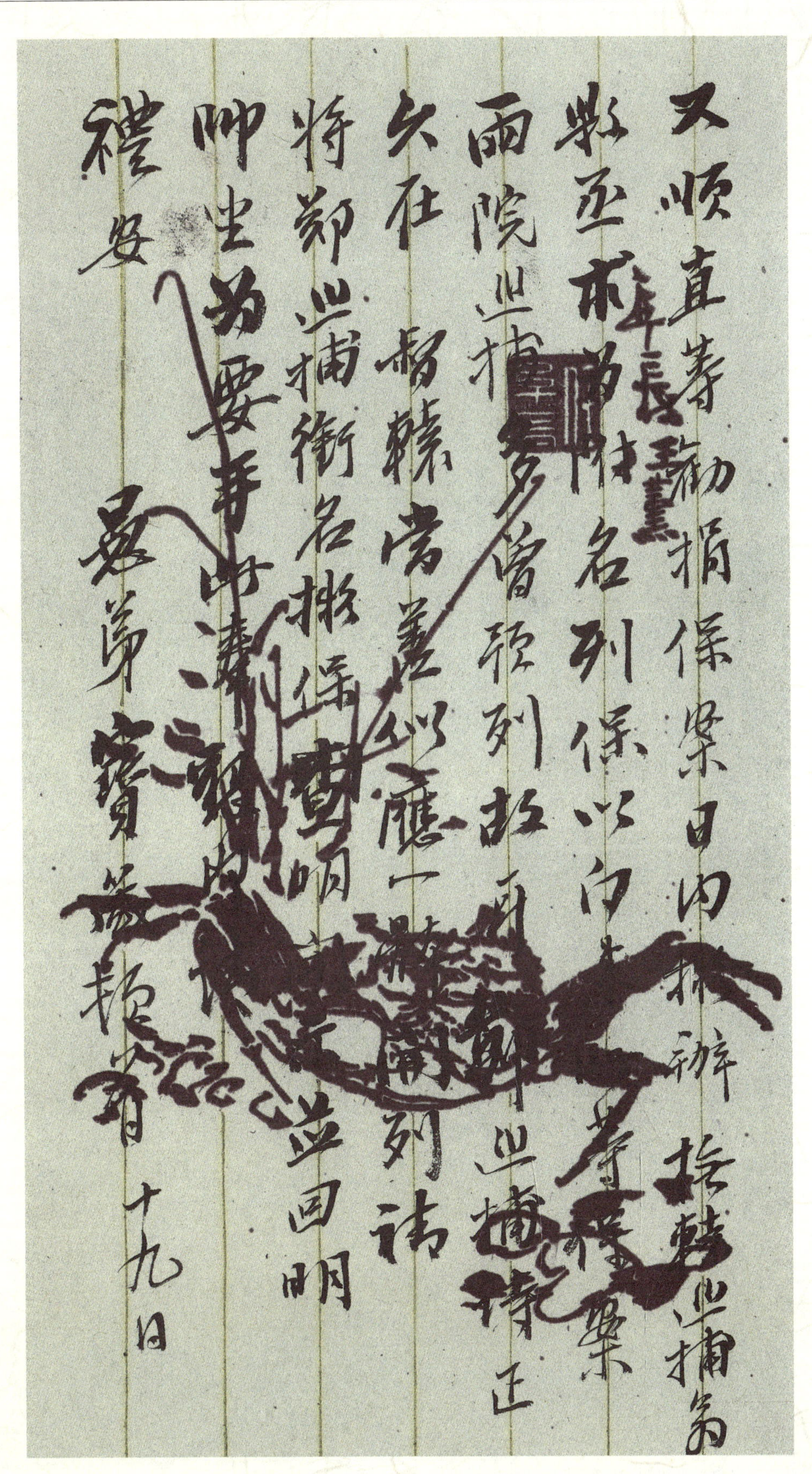

又順直等勸捐保案日內抄辦，據韓巡捕爲
數至[illegible]姓名列保，以白[illegible]等保案
兩院巡捕多曾預列，擬[illegible]巡捕衛正
久在督轅當差，似應一[illegible]列請
將節巡捕衛名擬保[illegible]並回明
[illegible]爲要。手[illegible]
禮安
愚弟寶箴頓首
十九日

藹仁仁兄大公祖同年大人閣下：昨奉
手書，已先將鄙見佈復大兄，敬仰
公忠體國，無任欽服。叠聞奉諭，敬
教會
公出未得一謁，悃素嘗即過蘭臺
前輩處商酌一切，亦以此時讓寫所
係，凡在粵中士庶，均紉仰體

蓋畫之見金剛至應如何辦理之
處固已
智珠在握且重以 雪師諸公籌華
當無不深悵離情也況每歲增餉五
十萬元倉卒間雖緣百廿萬且以一
切浮費廿萬元消滴歸公即萬不處
訪問輿情實屬無遺盡剎必無復

有加於此數懸之國門諒難增損
春秋傳云大夫出疆苟利國家專之
可也今日之事是矣若處弛禁有弊
則云嚴禁者亦何必無弊閉洋之例亦
有為澳門作說客言此事須厲禁者
人臣事君殫此血誠而已必謂驅此數
十萬餉需出之外洋以我之矛擊我之

盾而又增無窮之樂甚於趙宋之歲
幣以此爲得計識滑稽所不識也
明公以爲何如日來尚須婦女攻堅城
內日少擬了此累墜始圖北行日前
發下萬兩之項今尚分存五銀號中
何時
提用仍以奉擾未嘗絲毫動也惠

濟倉存見銀四萬餘兩，今日與陳孝
直諒君商量，留萬餘爲生息，撥三萬
上濟餉需，明知無補於萬一，亦就職守
所及，聊裨涓埃云爾。日間當由倉備
公帖上稟也，并以奉
聞。敬請
勛安

治年愚弟文田謹上

菊坡精舍入門第一層横
舍即懸學問思辨行
五字搨本處
閣下前日云此為蘭甫徵君
晚年講經處，擬題曰經塾

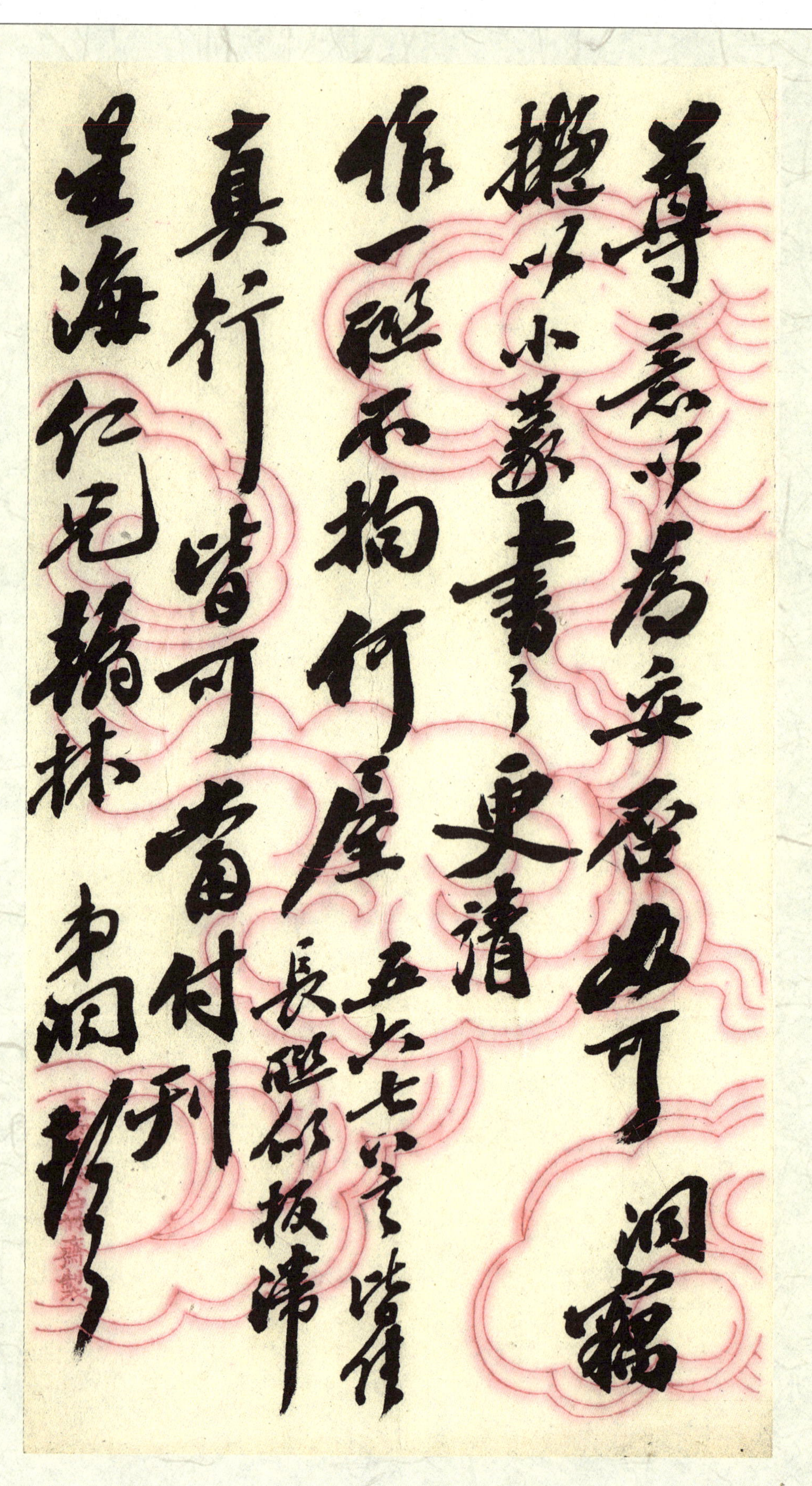
尊意可爲妥啓如可洞稿
擬以小篆書之更請
作一聯不拘何座 五六七八字皆佳
真行皆可當付刊 長聯似板滯
星海仁兄翰林 之洞頓首

竹君仁兄鄉大人閣下不通音訊數月矣每跂
芝儀恒勞夢轂敬維
春祺百福
節院宣勤為頌承
惠新錢千枚質潔而光展玩移時良深感謝　香憲許
製研銘迄未得覩鉅作想以政躬鮮暇握管未遑如蒙
從旁一催速賜寄下俾得早日鐫成至為翹盼石叔治太守
已於新正八日由水路赴鄂弟從中為之斡旋各情晤時必

能縷述也舍親唐棣之名殿華聽鼓鄂垣極無聊賴且
年邁不工趨附苦況堪憐
閣下居近水之樓易於援手務懇
推愛於 香憲前婉言噓植俾有借手之區感荷
雲情寔無既極弟藩條謬綰栗六如恒幸春來暘雨應時
地方靜謐 撫憲亦能和衷堪紓
錦系專此奉懇祇請
升安不具 鄉愚弟張聯桂頓首

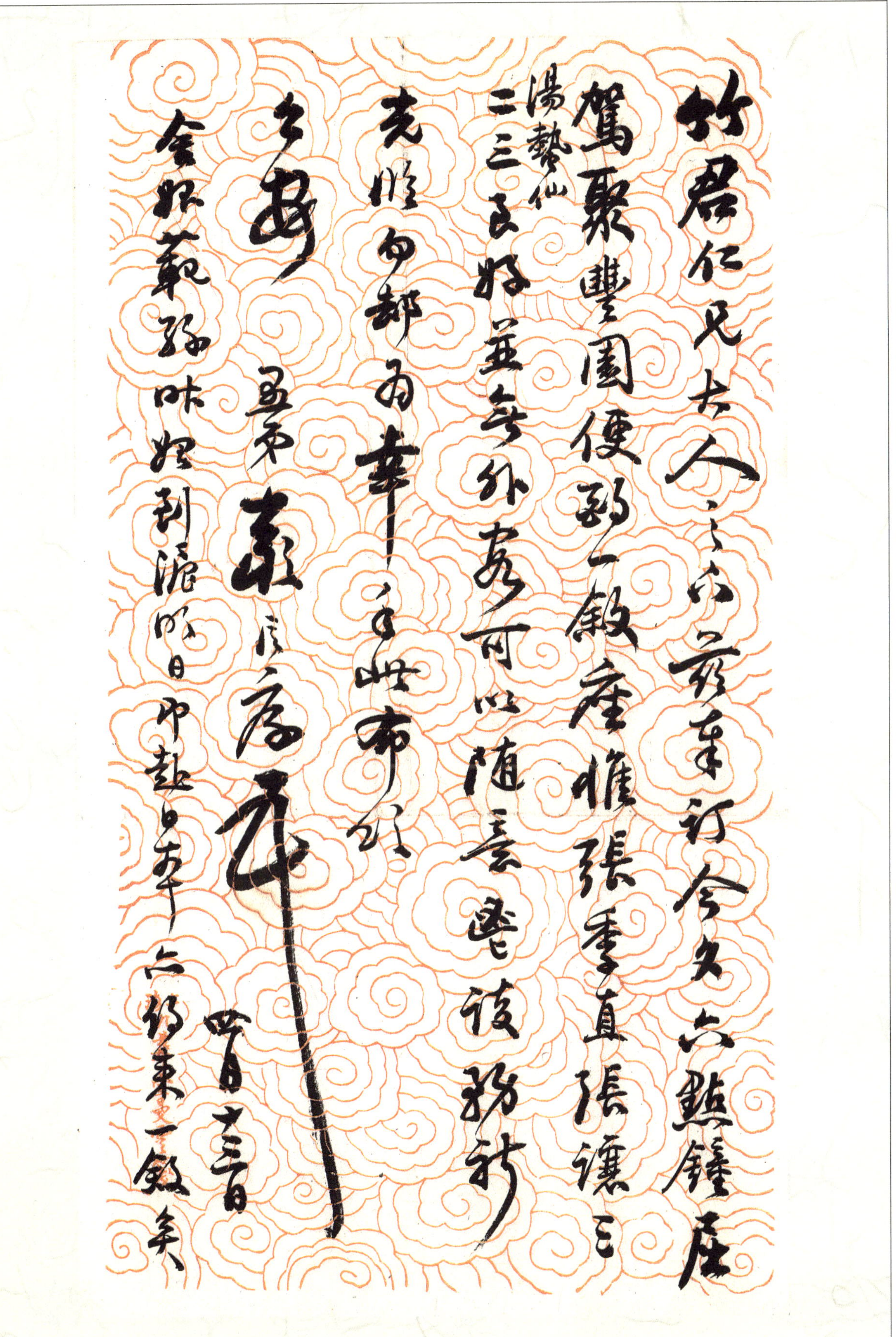

竹君仁兄大人[illegible]訂今夕六點鐘屈
駕聚豐園便酌一敘，座惟張季直、張讓三、
湯蟄仙二三至好，並無外客，可以隨意暢談，務祈
光臨為幸。此布，即頌
台安。
弟嚴信厚頓首 [illegible]日
舍親蔡孫昨晚到滬，明日即赴日本，十六號來一敘矣。

竹君仁兄大人閣下：十三日有事晚歸，知承
枉駕失迓，為歉。恐、返黃浦，未及走候，尤抱不安。辰惟
起居萬福，頌、甚、。前蒙
方伯發交瀛海論，屬校讎一過，弟回局後，謹將原書
校畢。山樓旅寓，行篋携書絕少，僅就所見附勘一二。
內有國境方位不合者，係據洋圖校入；又所引緯書，係本
武英殿聚珍版校入；所引淮南子，係本明版校入；所引
墨子，係本畢尚書刊版校入。他若各國譯音原無定

本但就恒稱校從一律若亞西亞作細彌利堅作米之
類恐
方伯問及乞　費心代陳又工篇論注內有嘉慶十六年
法人攻俄兵潰於墨斯科　案四裔編年表事在十七年
論注又云二十一年為英所俘年表列在二十年再案瀛寰
志畧俄羅斯作峨羅斯故其屬部有東峨大峨小峨等
目今書國名作俄部名作峨皆未詳孰是應否更改敬候
方伯酌定原書附繳并希

轉呈爲荷 耑泐敬請

升安諸惟

雅詧不備 愚弟制 方楷頓首

六月二十二日

再本書下篇一頁荒服来服無常由宋漢書蕭望之傳作荒服

言其来荒忽無常云云與所引畧有歧異并附聞謹俟鑒定

國家圖書館藏近現代百位名人手札

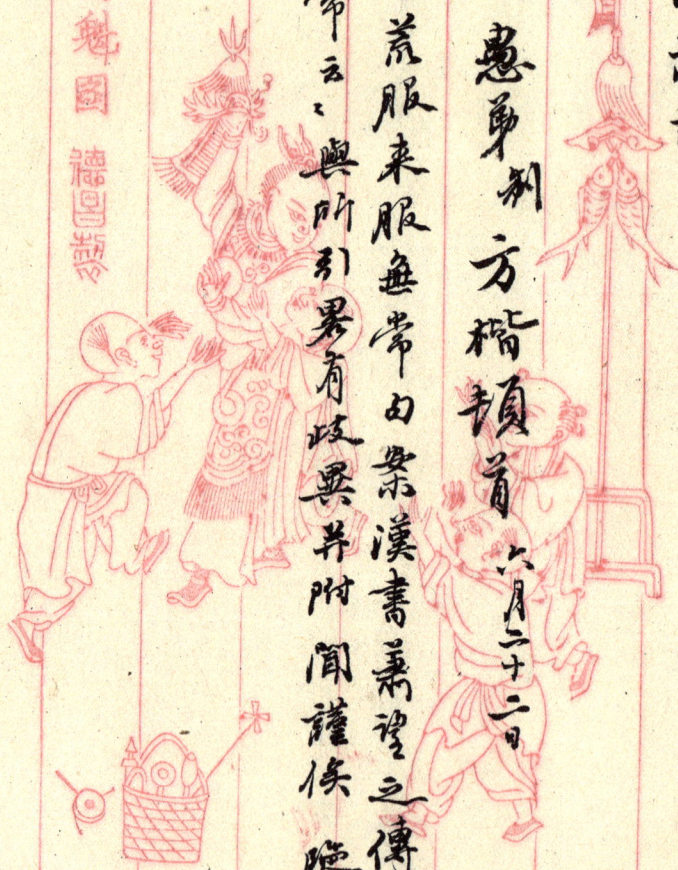

竹君仁兄大人閣下前月遇暑疾
歸來髮而成瘧時愈時發至
今未已暮小兒奉呈一函諒邀
鑒覽月餘未得
回示想因
督署事繁故爾度閣下亦殷者

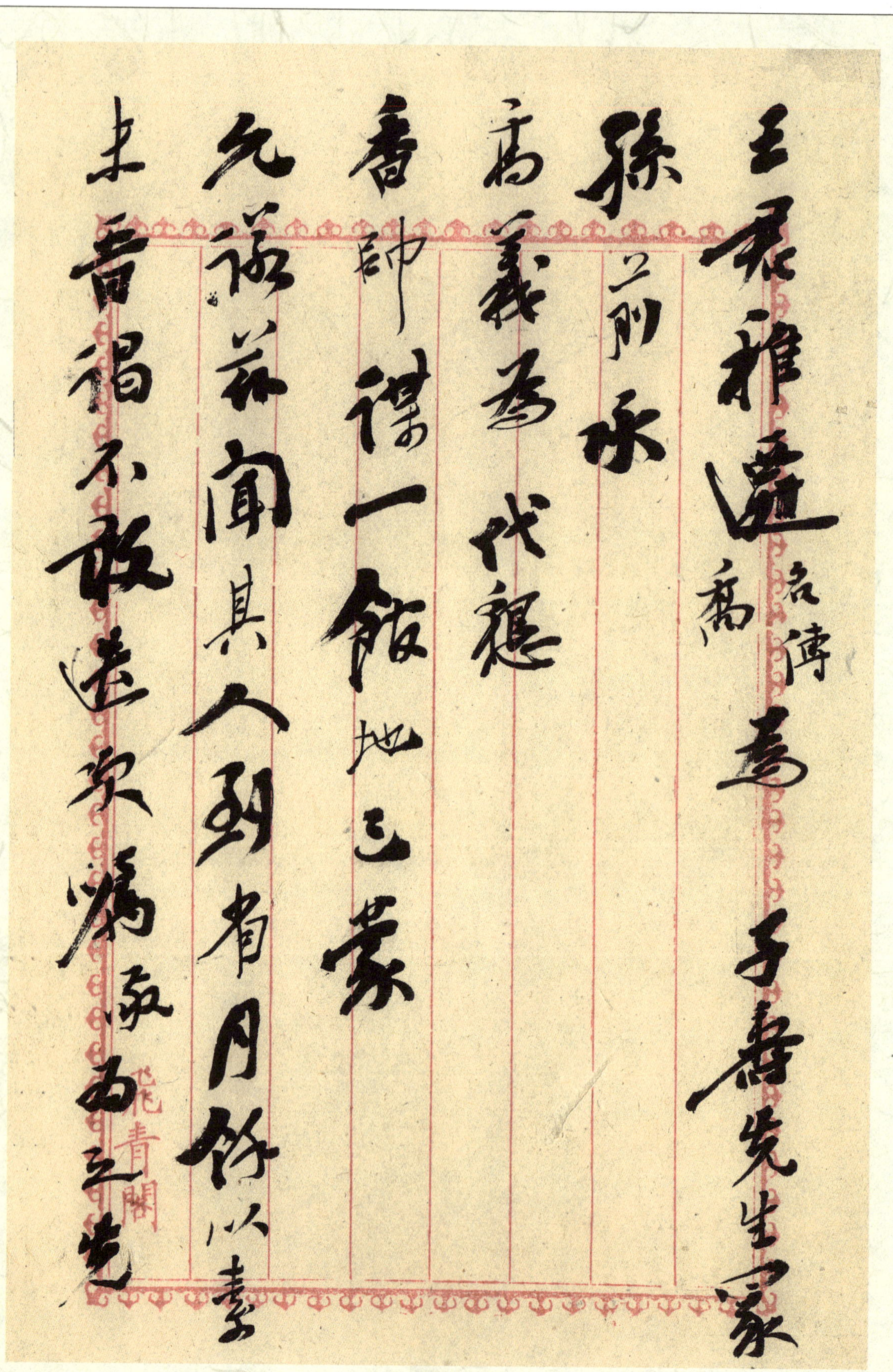

容伏懇於
賜見時不吝
指示，感激不盡。舟史玉二冊至
之書更新
撥冗賜一回音，以便遵
諭。吾當領取。敬希
千金之諾

飛青閣

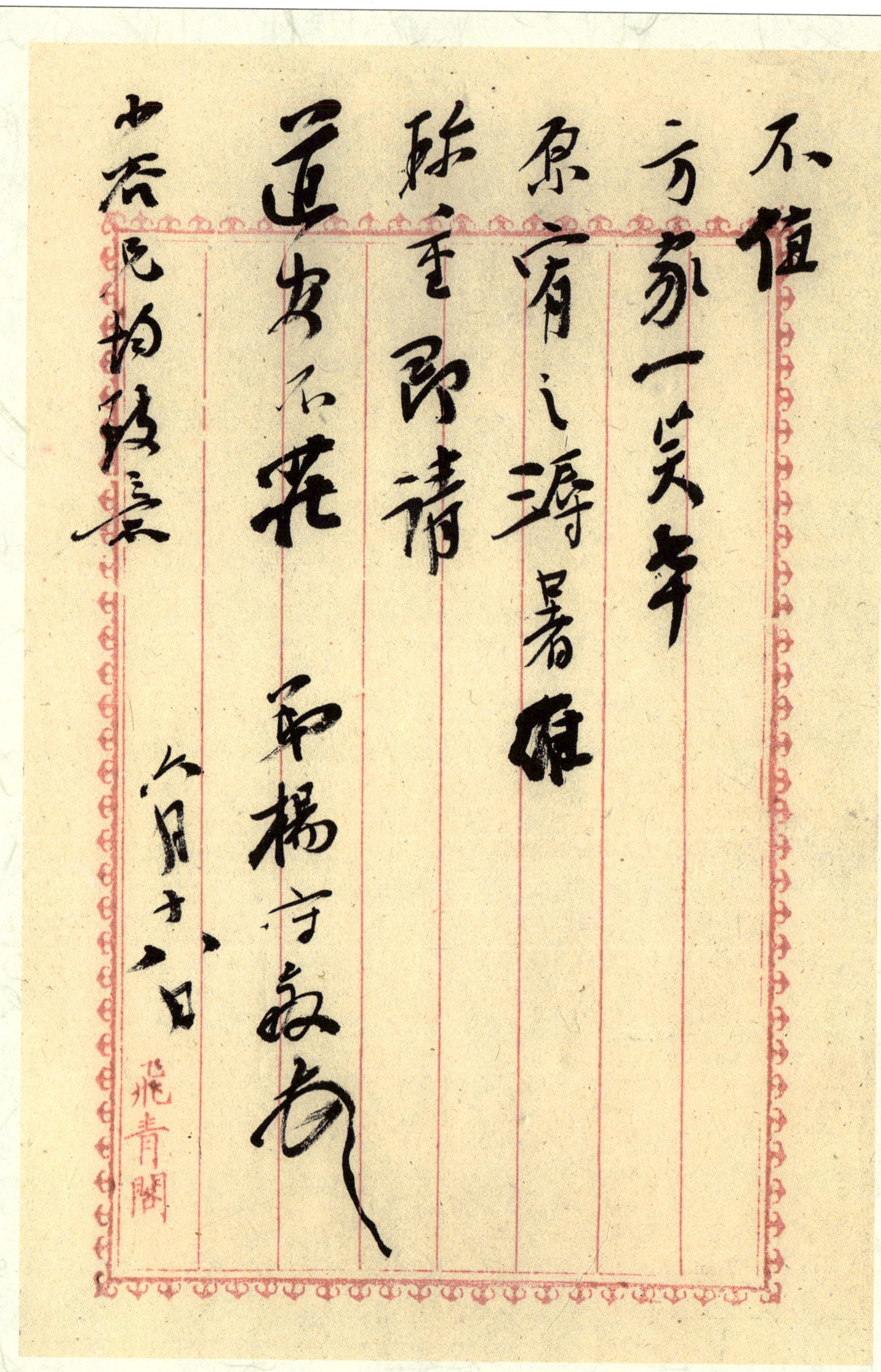
不值
方家一笑耳
原宥之辱暑雅
珍重即請
道安不莊
弟楊守敬頓首
六月十八日
小帖已拍攝送去
飛青閣

[illegible]

[illegible]華古聖人[illegible]

[illegible]

[illegible]

[illegible]

[illegible]海上[illegible]

[illegible]作文戰利器[illegible]

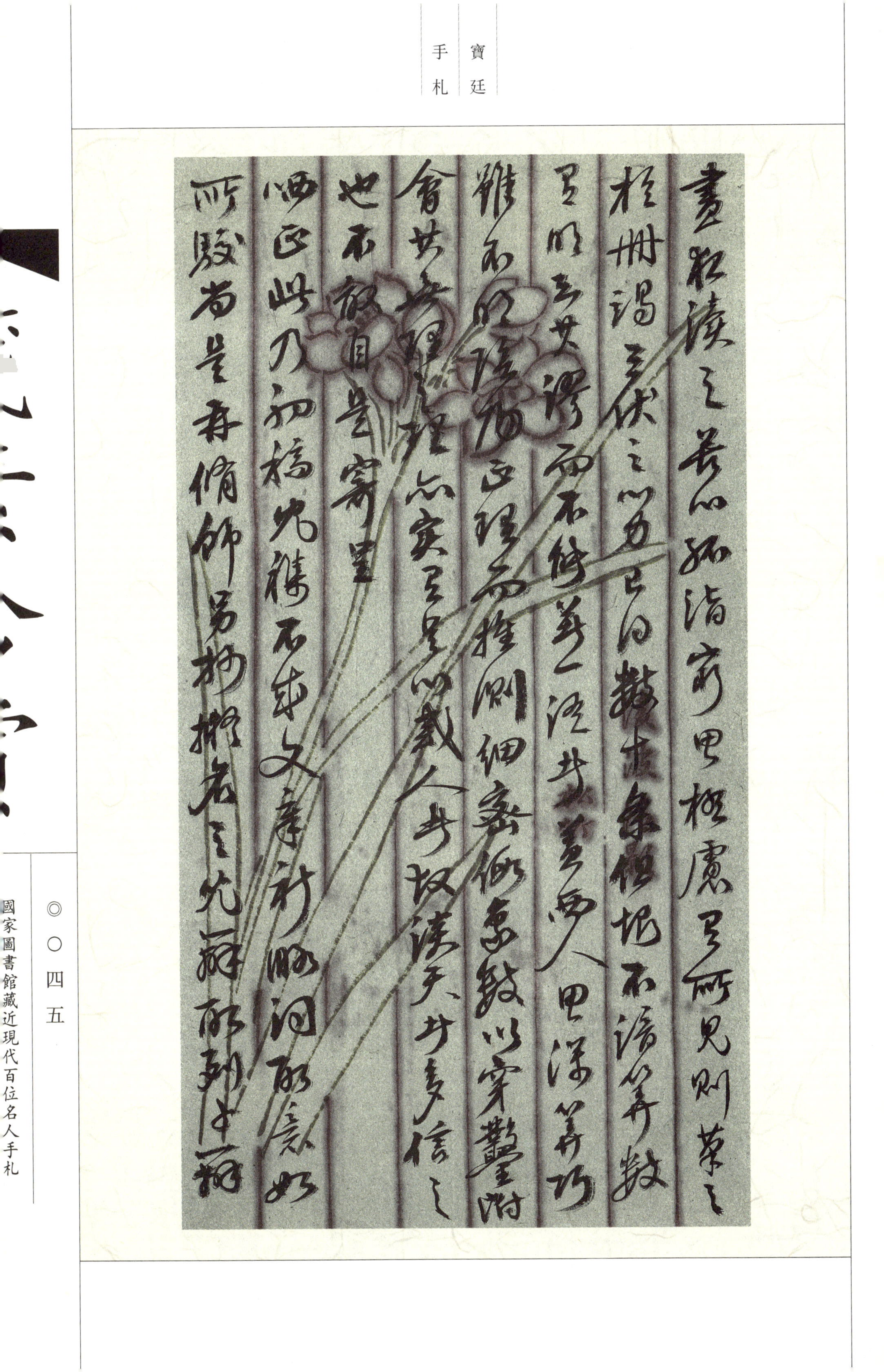

厚賜謝謝，華洲順請
壹公老先生大人年安
侍寶廷頓
先筆隨叩

凌波清影

中夫擬本

不聞高論未裁於茲忽於
筆頭拾得舊生活一紙及有
煌煌大文為梅郎而發是非
姑不論風趣對仗拙中圓
向過記亦間哉近作但見
雕琢之工不及飛舞之態

弟有所激而發耶上海骨董
商經東泉前月過此攜得雲林
畫幅為安儀周舊藏題詩
并有文壽承跋借濱南宅此
居為
不可有何對一語觀之向仲
堅特就而先為集詞句作楹

帖此可談之友也
珍重閱之人

承修再拜

六月十八日

愔陰主人仁兄大人閣下初九日佈覆一函計登
籤掌上元令節天氣乍晴想
酒從長春團圓誌慶詠蓬山之佳句賦果武之新詞燈
月交輝滬上定多熱鬧惟歎歲時豐稔海宇澄清此
尤鄉人日夕所禱盼者也 文郎壯雍兄所作七憶大序
已先行排印惟原稿字多模糊特令 小兒 常呈請校
覈俾免舛誤 弟年逾八十老病侵尋 小兒必先已將周甲
前曾以諸生投效直隸歷辦工賑銀錢收支文案嗣又隨從

蓮溪中丞勳鑒辭文案國變後即未出門近聞由馮夢老而
充志局常屬徵訪矣現志局已收束家居隨侍事亦甚為難弟
歸隱卅年已同躬國不得不今冬出外謀食然又以親老不能遠游
執事望重滬濱為實業泰斗可否
俯賜噓植無論銀行紗名廠藉得枝棲小兒於國文尚能應酬
弟筆墨多伊代作
閣下提挈後進古道熱腸即與令郎文字因緣當自能
沆瀣一氣也情

西郊古殿磚文願長樂齋撫

愛瀆懇尚希

鑒原為荷春寒甚厲惟祈

善自頤養

珍攝有加並所禱切專此敬請

台安並頌

春禧諸維

愛照不戩

文郎林庶之均候

愚弟金武祥頓首 新正二十日

西晉歡喜殿磚文顧長樂齋橅

竹君先生大鑒：接奉
手示，並附熊秉翁致葉揆翁密電一通，
均照誦悉。促弟早日登行，至為欽佩。弟准
廿五晉京，期六早車首途，知
念特達。原電附還，並送蒙帥堂中東莊敏從
不克前來告辭為歉，
鑒諒。專此佈復，祗頌
籌祉

弟伍廷芳頓　十二月廿二下

敬稔惦异端我中國乎謂有人乘姚石泉
函係當督兵曲尺諸務有全錫侃汪曾往
從南皮是否鍼芥此中仍有人請合南皮
函詢而太息進佳嗎此三件皆自生要件彼
此有閒見即並相告論知是
公不孟業對菲時時惠書俾少子稍有弃于
酬生夢死之人也有合即寄繩匠胡同
伏魔寺內此請
大安弟慳頓首
三月廿六日

竹君仁兄大人閣下一别七年未通箋素延嬾之咎著
無可辭逃聆
好音私相慶慰辰維
履祺納祜
詞藻蜚英昔嘉定錢十蘭先生為弇山刻廣輿謁藝
林傳為美談南皮師之於吾
兄不啻弇山之於嘉定
名流際遇先後同符已弟萍宦長安浮沈人海

一差未得無以爲生小楷時文本非素習既不能
趨時相之門又不能從時人之目終歸棄置
所冀當道南皮師閱其困窮俾襄廣雅書局
一切未諳 倚伏
指示如有刻本章程乞先寄閱 南皮師諭辦何
事已襄即請 吾
兄函知 南皮師公務殷繁恐未能援筆如 舍姪繼輝、
仰承

推愛俾獲枝棲感激無似舍姪動想調優第諭以
安分做官不宜躁進惟莫徒非著名缺可否移
年滿時再求
吹噓多耕一年則成全不少矣拜禱、廣甫望道
署及一年有半悵乞全清真吾兄運氣猶憶昔年
偕遊彭錢軒相士於廣甫則竭力恭維於弟則
不置予云看相彰薄一生而知今廣甫已叠
膺保薦書

先正器重上游而弟屬莫猶昔回憶前塵不勝悵
惘了手箋布臆敬請
升安伏希
朗鑒不一　愚弟繆荃孫頓首
寄舍姪信壹件乞
特遞與械西荷　同鄉趙雲木謝不敵徐植之諸君乞
代弟問候
又寄畢星海王雪樓秉恩從貴州關來安兩函均望
飭紀送交徐二項請寄之也

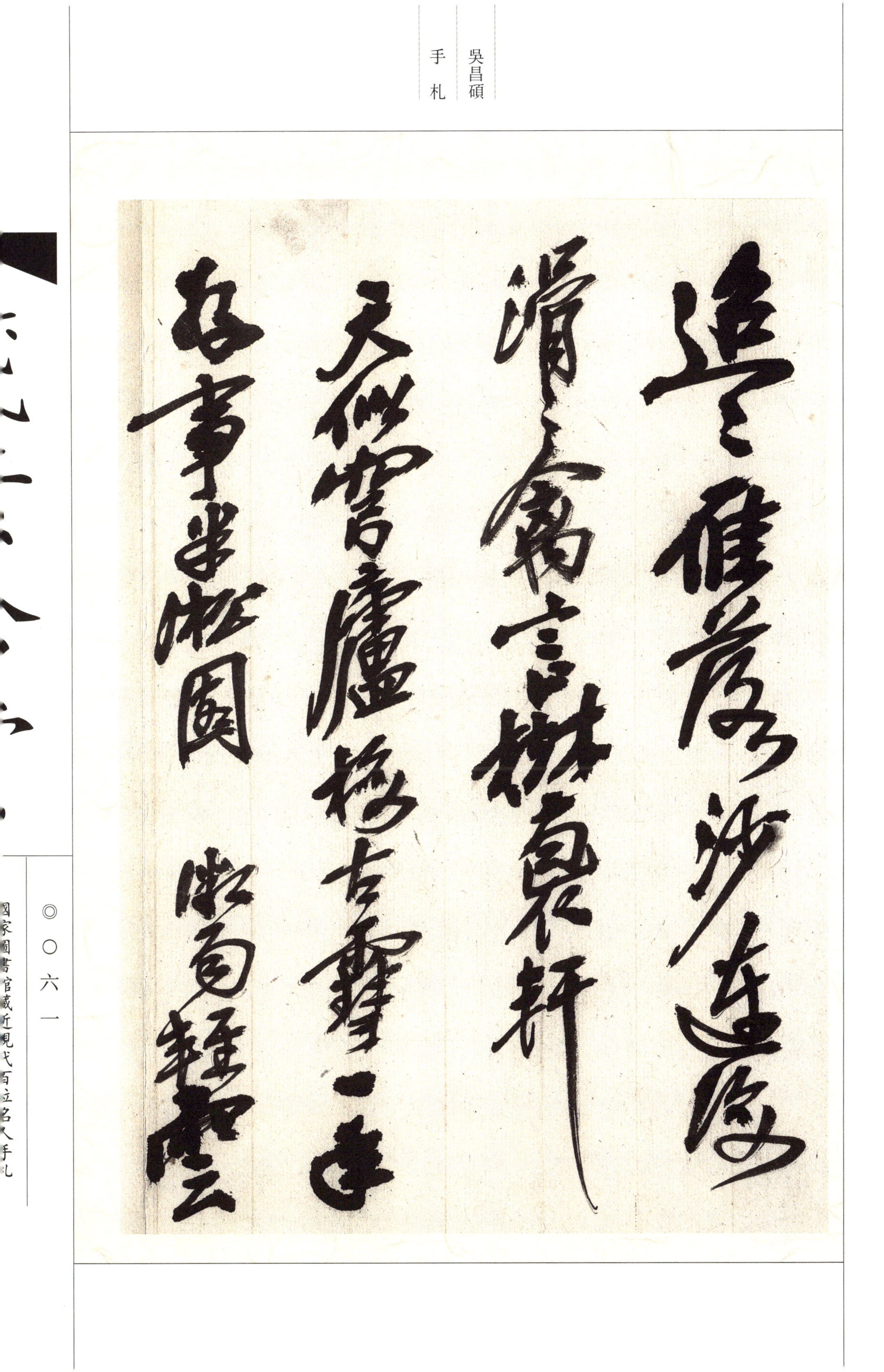

徐鑑老出閣畫屏足出去
静老華生借到樓船否
臨吳大澂之端見美人
半淞園書樓承請
松窗先生正之
缶老七十[illegible]

竹君仁兄先生閣下：别來無恙。維
道德日高，
聲華卓著，功甚偉，甚漢治萍事業根
基礎雖固，然非賴
神畫何能雄長亞東？曩年文襄
過滬，以冶礦相貽，及後來仍還鄙人接
辦，皆

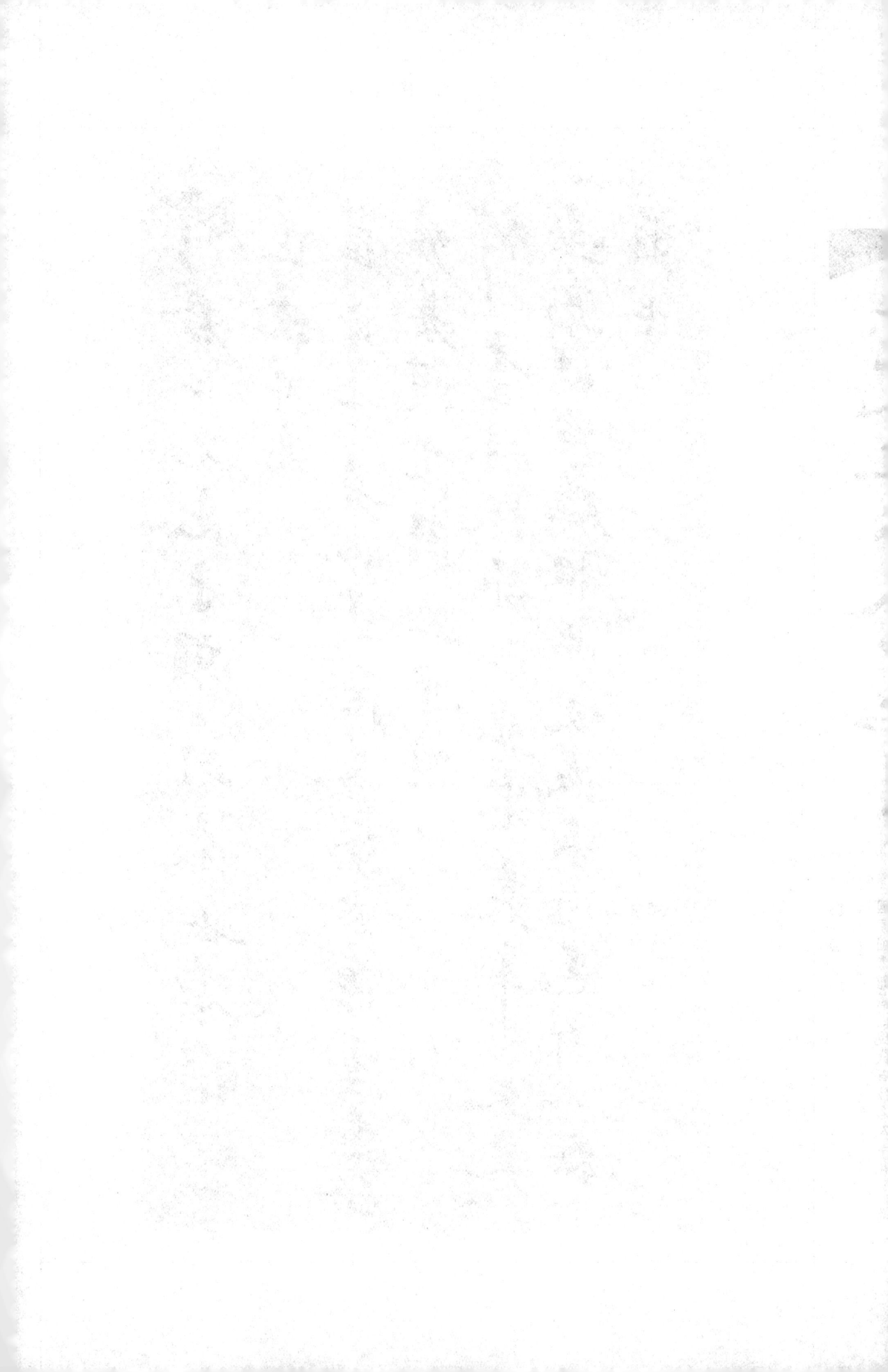

公在座亦未深知此中締造艱難也。一參君備述

尊意，詢及歸期，甚承

垂注，默默感於衷。賤恙入夏痰喘未減，須磨醫院專治肺疾，因是遲遲。遙瞻故國，能無悵然。手此布臆，敬請

大安

愚弟宣懷頓啟　六月八日

前日王同仁傳述
師諭令挈眷來粵賃屋棲止景澄初意猶豫
繼念欲為久客計則家中妻女三人終竹無
依不易俱來不能無所牽累昨得家函本年南
北山向不通寇亂之事須緩至明春卜吉擬就
此時仰乞
恩准歸里一行略事屏當攜帶細弱大約在

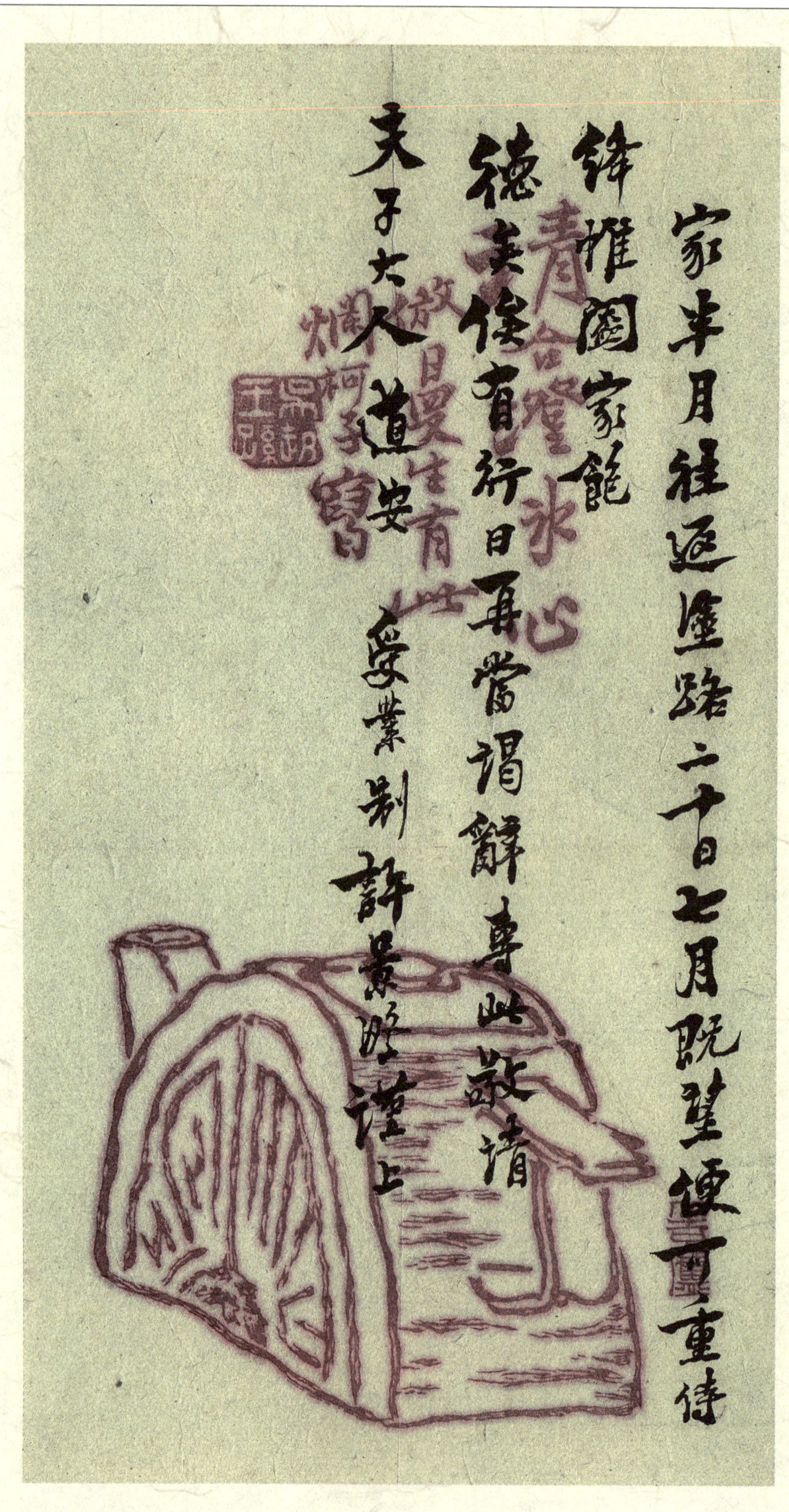

家半月往返郵路二十日七月既望便可重侍
絳帷闔家館
德兼佳有行日再當謁辭專此敬請
天子大人道安
受業制許景澄謹上

香濤前輩姊倩閣下：摺差甫
去，忽於憶及前函漏復一事，
適清卿中丞摺差亦到，樹此奉
閱。內務府條議文撰出郎中文及

此次大婚雜用度一意節儉上深所
賞計五百萬此次慈壽在百萬否知
實否所聞此道有山東諸城尹
生元鼎拔見告
清之弟申日叩

募刻撫拓爲事。其友慈經拔貢爲
山東高材，現調赴 國學重修石經
時，潘爲書汪閣學所取士，其祖吏部
粹京在咸豐間與胡包[illegible][illegible]凌女

東洵雞遂橋於鄭與廿卅鄉榜与
青相同年前三年
兄在舫齋所見乏多年狀是也緣後
東隨清見中餞分界葉內日叙

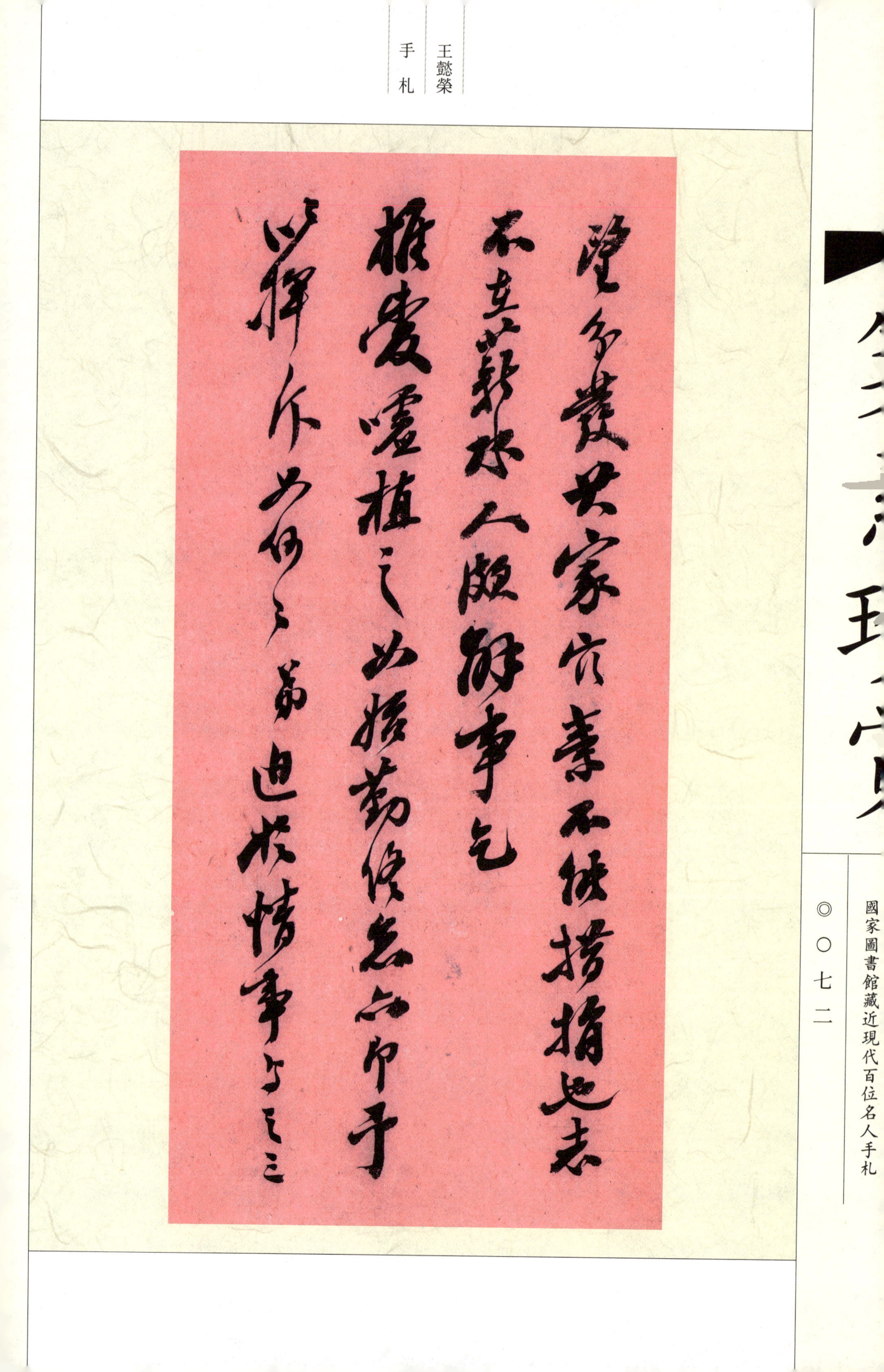

此叩父年再請

勛安 弟懿榮頓首 六月八日

首備從此書可與清卿看之

天水君侯積自不見矣比來
賢勞可想輯事近由姚君主稿
府司已擬定節畧清援
敕免罪三年霖雨肆赦恩波自此
普及他端則黃犬東門焉有日

矣第由前而論則出生入死權操
諸人由後而論則赦死活生責歸
諸我尊羅官之後不名一錢而淹滯
四年久已仰人為活今則羅掘既
盡計無復之有兩端欲告諸

君殷務留之意一詳奏之後擬得一筆
墨館席急圖餬口若須修墻述志
若為海國主文蓋不涉以事則遠權近
於膏腴則祿厚從此稍積數歲漸
謀歸休待逋負之患蠲乃奉身以老

去此一事也。近日窘迫，匪言可殫。所
居雖數椽而中抱有鄰峯、寶鷺怖
沭急覓安宅，僻援雖地，第旅人無資
駱雖辦此
公如鄉念，乞
代籌四五十金，以資周轉

期於秋深措假此又一事也
公愛我深不揣冒昧含赧以
聞章量力行之而不敢遽求兩遂也
手此敬展
道履

賡頓首

漢安魚鷺洗銘六字

竹君仁兄先生閣下：昨交子祀寄來
書想已諗
崖士言風雨料峭已付正左
家人兄輩旅居適有令
雨珠雖為怯便得

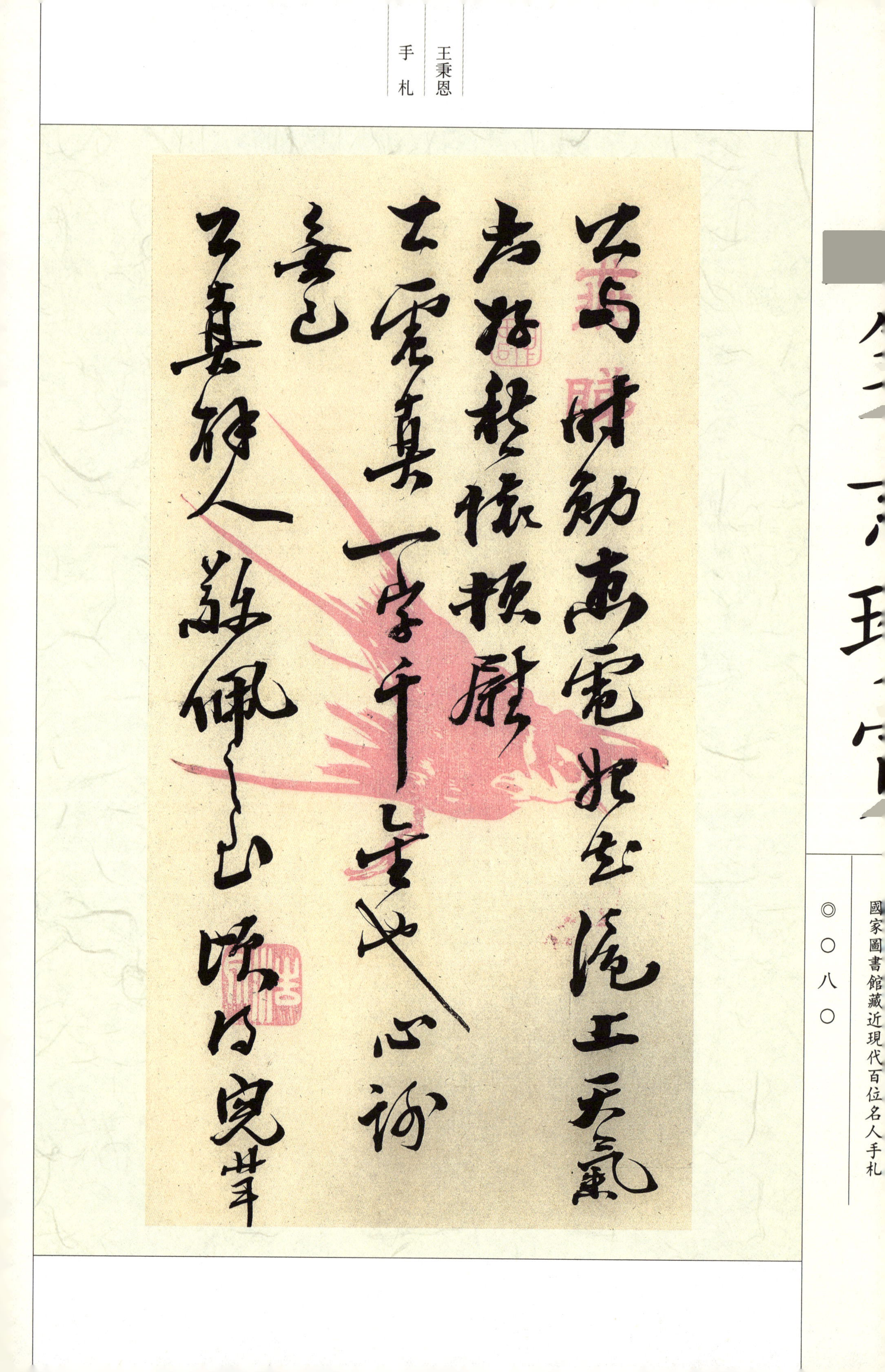

来書櫻桃
寵貽謝謝
聞沽塗須小內留步約月杪
將可旋節三月中旬陽
收到象後為何情形耶
可
師竹廿三號启

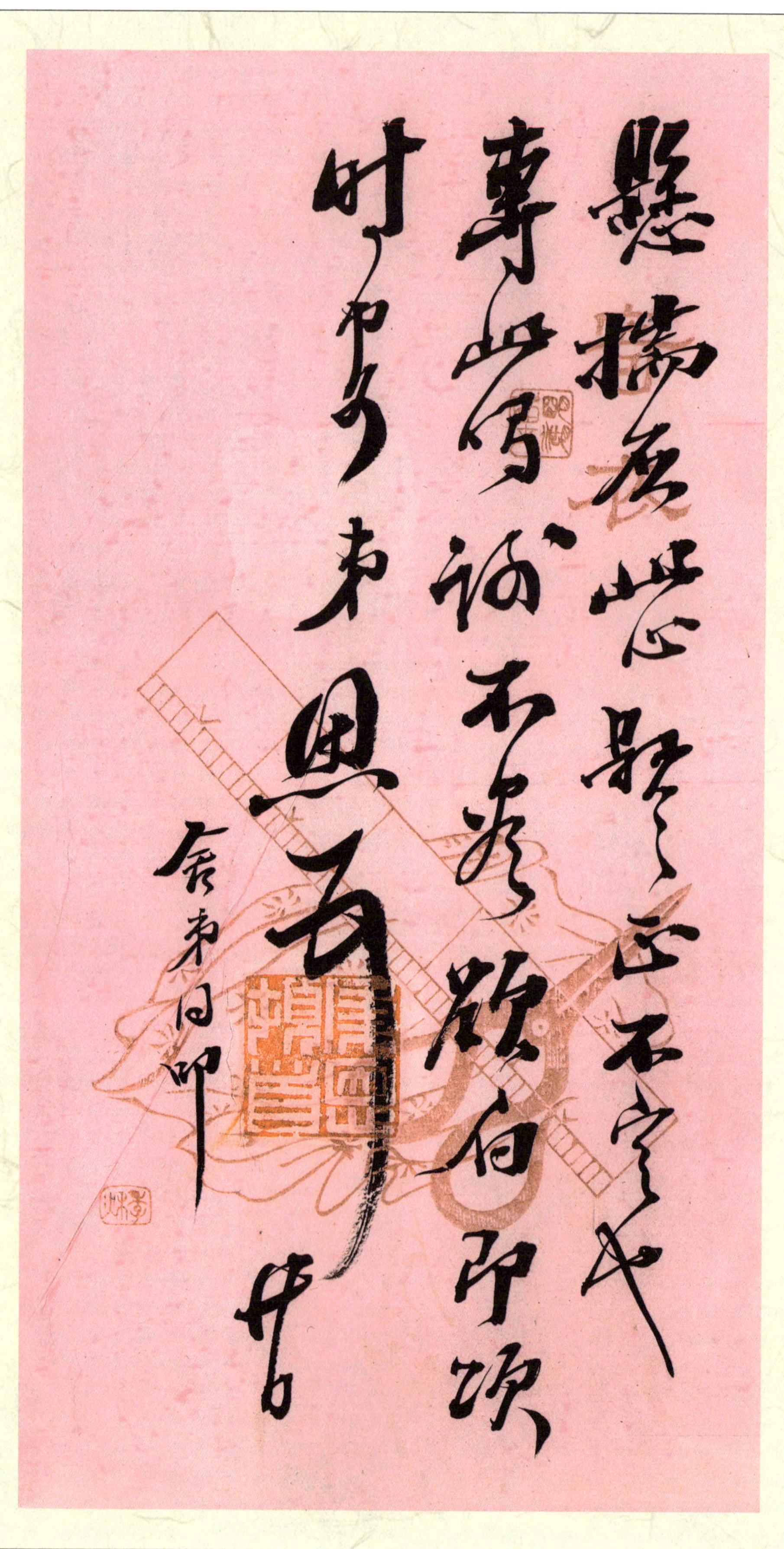

竹君仁兄大人閣下蓮幕相依

蘭言飽飫瀕行伏承

枉垂青睞渡江三日頰頰猶有餘芳也敬維

素履綏和

金萱茂豫定符私祝弟入秦兩月覲事甫能定局十六

日初次引見本年能否出差尚未可定現行

運限不佳是以遇事邅迴九此〃好駐之在京

屢得

師帥手電各函，知政躬康復。

執事左右贊襄職熏茶薄，弟以廿年老門生不克

長依幕下，且勤且慚之。廠想有成局，已估工

興造，吾甚念。弟近因煩勞過甚，牽動怔忡

夙疾，避入西山十日，甫能稍愈。蒲柳之質，望秋

先零，竊恐去此出山，益復不任驅策矣，奈何。

柵馬圖
趙仲穆有此真蹟
錦堂主人識

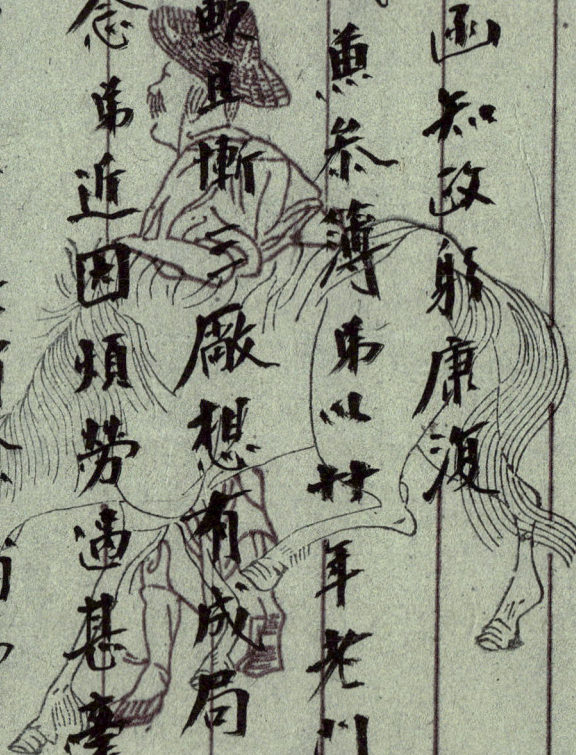

同事諸君於弟厚愛病中不能一一致書祈
代致意致謝手此敬請
禮安諸惟
荃照
治愚弟樊增祥頓首 十月廿二

趙仲穆有此真蹟
錦堂主人識

再啓者昔有指令湖北何大令厚康其令弟何
壽萱侍御爾年爲同年至好此君以舊家令
器歷練世事樸實勤廉以畫需次到鄂識恐
人地稍生難於表見用特爲之推轂
師帥前已另有函稟尚祈我
公於其來謁時賜之青盼垂於
師帥前隨時吹揚予一差委俾清苦時有效不
勝感禱附呈名條一紙希察入再請 樊增祥又頓

敬密稟者　爰業二月十九夕匆匆復謝寸椷　計蒙
月杪可上徹
誨覽否　廿一日忽接到孫篤栝太守書云仰蒙
丞丈屬新會邑大令聘　爰業為書院山長送一關書
來訂每年致脩脯壹百廿兩　京曹一椷一啄上煩
慈厘疊予隆施　爰受寵若驚皇悚不知所報　惟
乾脩非義　爰業又不能到館　敬復孫玉寄題
目一帶乞寄課卷到京校閱　不審太守大令以為
何如　敢觀述以慰

慈法蕭杞山同年提刑來京云吾
師公事焦勞過度每規一事至廢眠食私竊以
為非宜從前林公侯村每公牘煩冗則展元明人
名畫以豁煩滯近曾文正午飯後必散步與
客對弈一圍老子言用之不勤史談云大勞
則竭敢求
垂意留侯赤松之意呼吸精和為時局留綱維
延攬指揮定策之身則不獨門下士之私幸也
三月初一
釗處翔東三電言洋人包攬釐金正欲為漸圖

盡免內地厘金地步 指陳大害數端極為肫切
懇到現各省全裁厘金挹注辛餉及自造海各防本
省練軍礮台之用若將來此項短絀平時已形
窘涸有急更戰守無資此極當通籌長慮
者也乃初五日
中旨以海軍籌餉維艱洋稅司能代為中國征鉅利為
辭駁四不允先一日南豐擬一駁底送姿仰竊見諸
堂憲公忠憂慮二者之言所以能
入告半緣興獻錢貢籌餉
不可回止之故亦非出于本心竊以此何異飲

鳩上滬十年之內恐各口形勢既入洋人掌握利權亦入洋人把持唐天寶中以蕃將代漢將卒致范陽之變即此類也且汲水門亦一敵地形與新安香港相控帶此嘗有中國兵輪往來巡緝又獨收税亦以操練水軍補匯詰奸今議盡撤而香山之澳門將來亦仿以推行則廣州之地勢太孤門户盡失矣此不獨為內地釐税無著慮也 南豐公遇事開敏周知洋情朝右倚仗惟手此箋屬為 肺附而弟掣肘前函囑傳欲請老皆倚為導師此中消息

殊以為憂 朝邑常熟公日前在度支署衆詢土藥
加征一事 受業上一說帖中有與
鈞指闇合者亦不獨為土藥言之也 錄呈一通求
鈞教 近來中朝大老講求邊務留心邊才者太少
即如棍噶札拉參一事 吾
師于庚辰年曾密疏其人可用故以替丁公亦密延請
允調至西藏練兵辦事文碩又密延以請 乃
中旨以五年冬清安科布多參贊曾參劾棍呼圖勒索哈薩
克生口幾至激變為諱匿該呼圖不用 受業力

爭之堂憲言此案前後均可了然此頌哈薩克部
係于同治六七年要結回匪攻塔城乃光緒初年回匪肅
清哈部又叛投俄來之俄官乜乜庇之時時為厄
魯特營長良善諸部之患然則揑贈之討叛清
安之妄奏以助俄人皆均可了然
中旨仍可頂奏也乃有必初以美業之言為然繼以
嚴旨未敢申說而另奏中叙字一段入告揑遂退
居五臺山李雨蒼來[illegible]如此飯宿交坦矣此皇達才何異劉淵亭
其才識似尚勝之惜未西遇

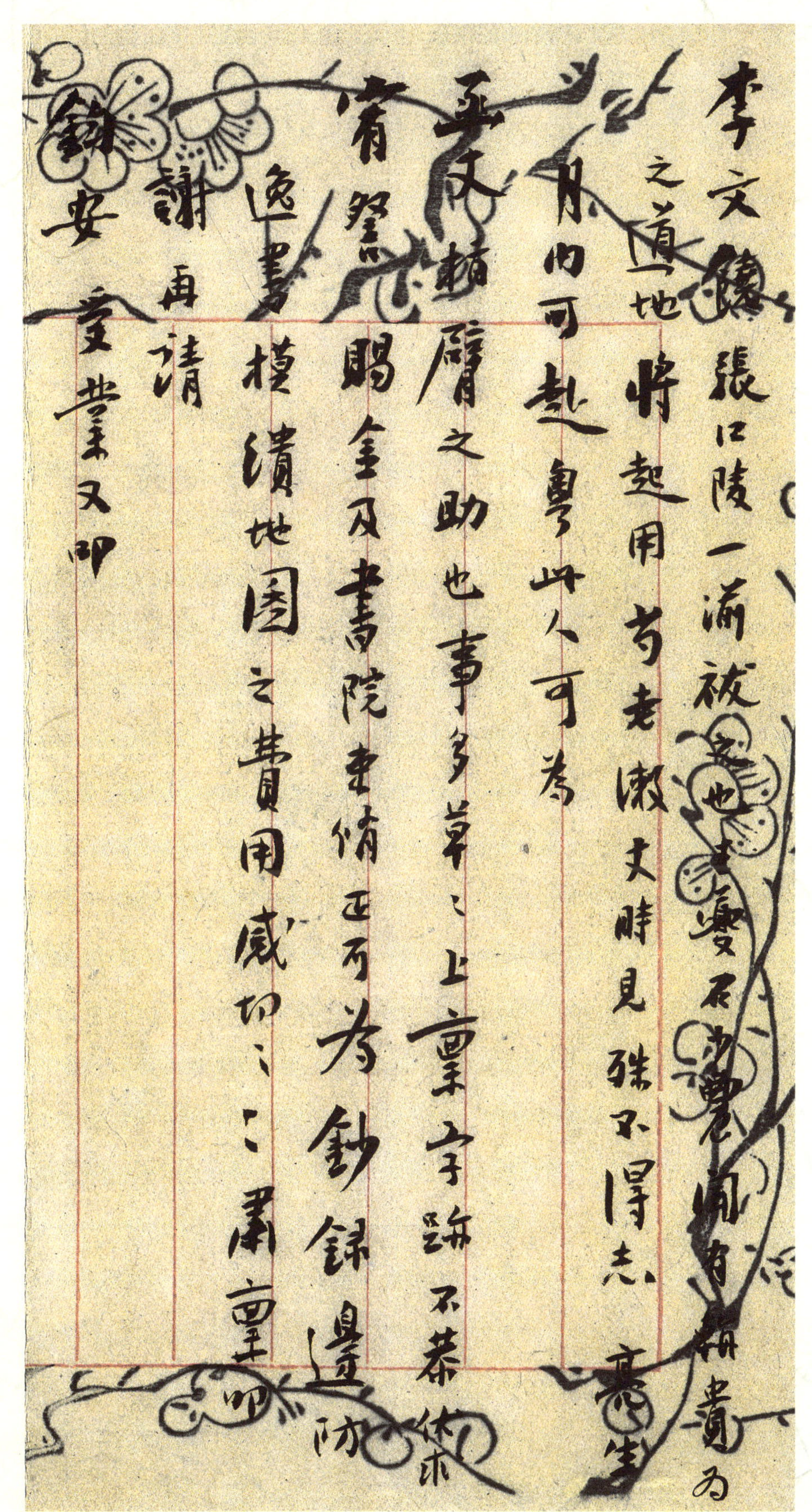

李文饒張江陵一流，彼[illegible]也，尤憂石司農，聞有鮮貴為

之首也，將起用苟老漱夫，時見，殊不得志。亮生

月內可赴粵，此人可為

君文精辟之助也。事多草草，上覃，字跡不恭。休沐

賞贊，賜金及書院束脩，正可為飭錄邊防

逸書，摹讀地圖之費用，感切感切。肅覃，叩

謝，再請

鈞安

[illegible][illegible]又叩

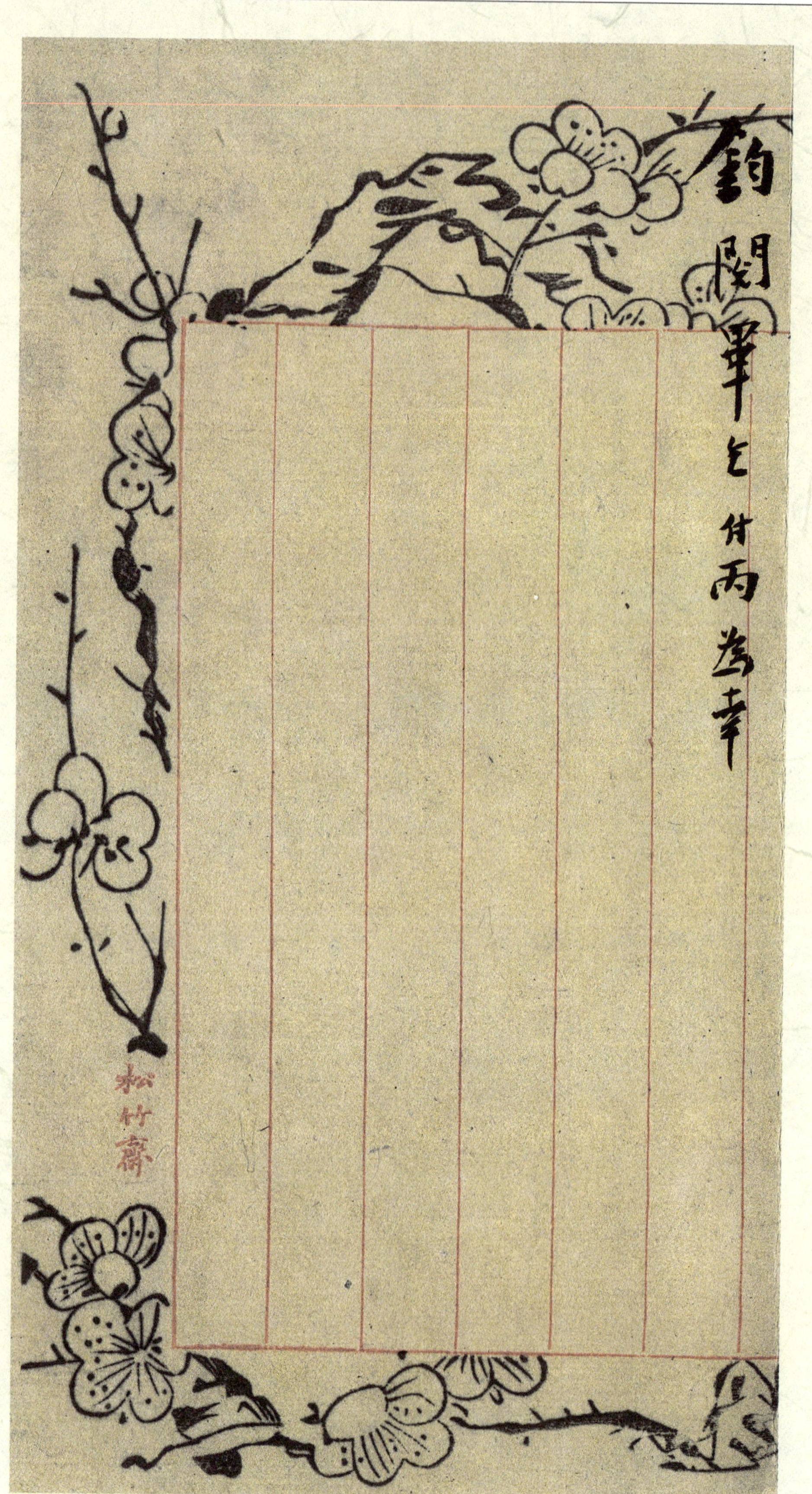

鈞閱畢乞付丙為幸

松竹齋

受業袁昶叩請
夫子大人鈞履萬福伏希
慈鑒

香濤前輩大人閣下寄閩之電捷調不即電致到杭始奉到也敬承動猷卓著慰愜私忱佩綸以馬江之役遣戍漢南恪靖轉遣嚴飭此皆鄙人累之深為歉仄叢逐後業曾在先允華亭幕中後在船政當差侍到閩駐廠以舊交屬筦案牘電音稱三之役該逐員在軍中

至初四始至彭田倉卒之中極為精細及攝船管
道兩布滿閒人不得不打一二人為助而怨毒隨
之禁與頗能任怨且喜明年侍俱本絶不作駑馬
棧豆之戀鄙雖詬謗叢集而學堂工程稍〻就緒
華者延之力也前已電懇
左右
許爲位置藉令趨謁

黃九 小松

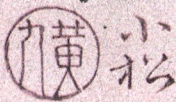

左右談述之慨然有既見歐陽修欲一禍彌少之慧惜永林為後生描畫殆盡不足為述

重耳並述近狀可

進述而閱之敬頌

台安諸祈

亮察

侍生張佩綸頓首 二月朔日上海舟中

棠翁見楊守如無恙先令楊守見之為安

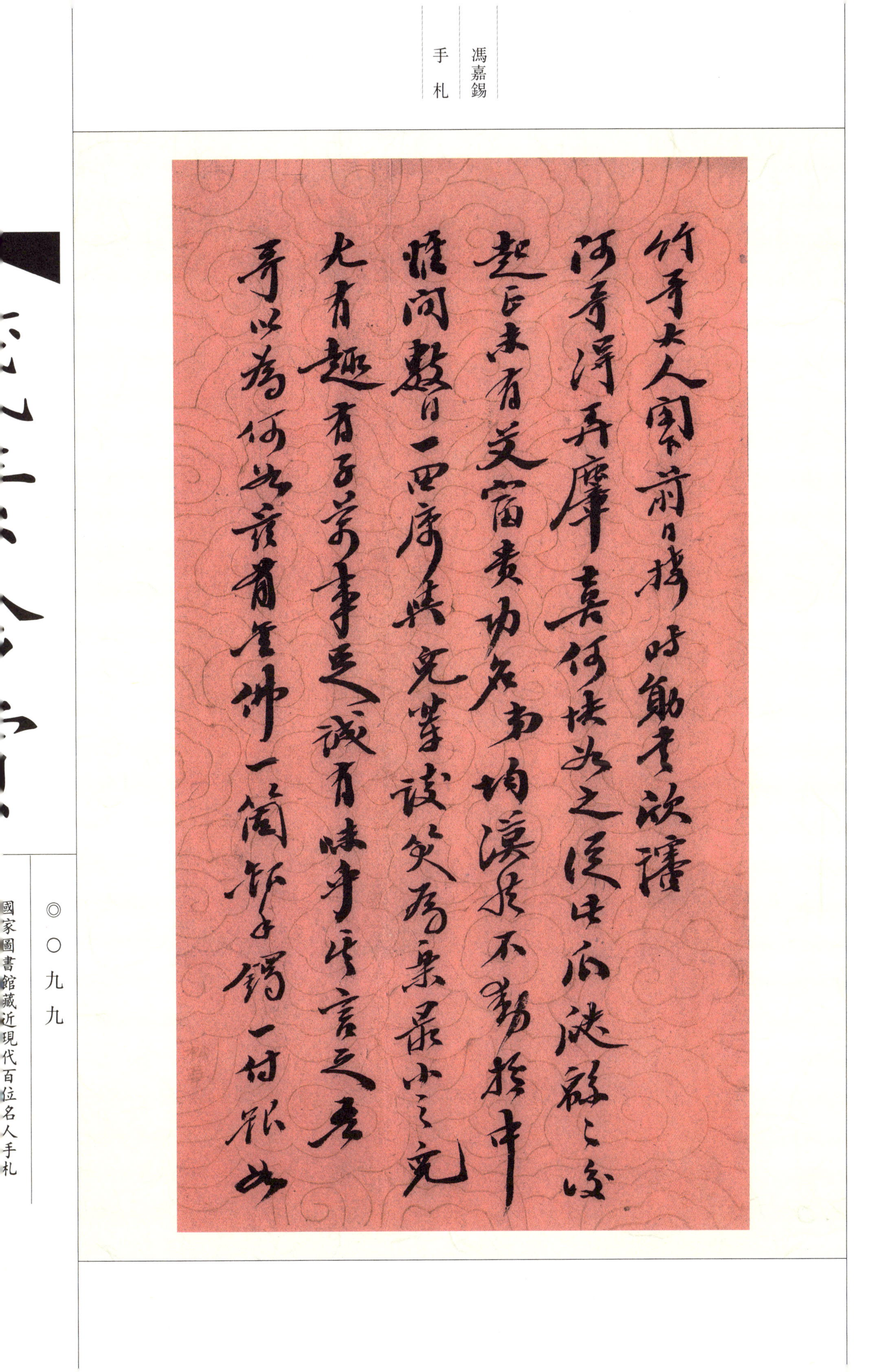

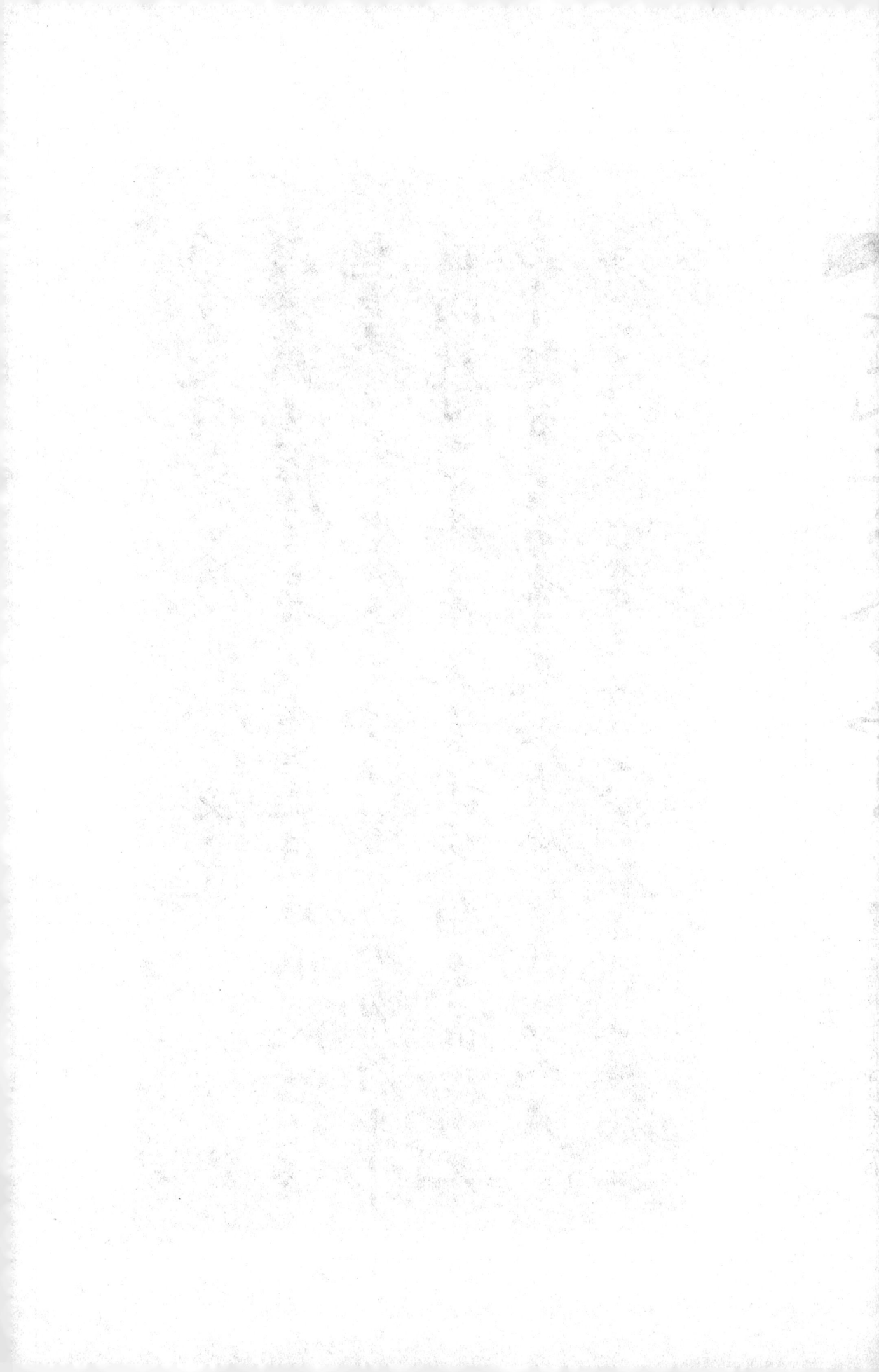

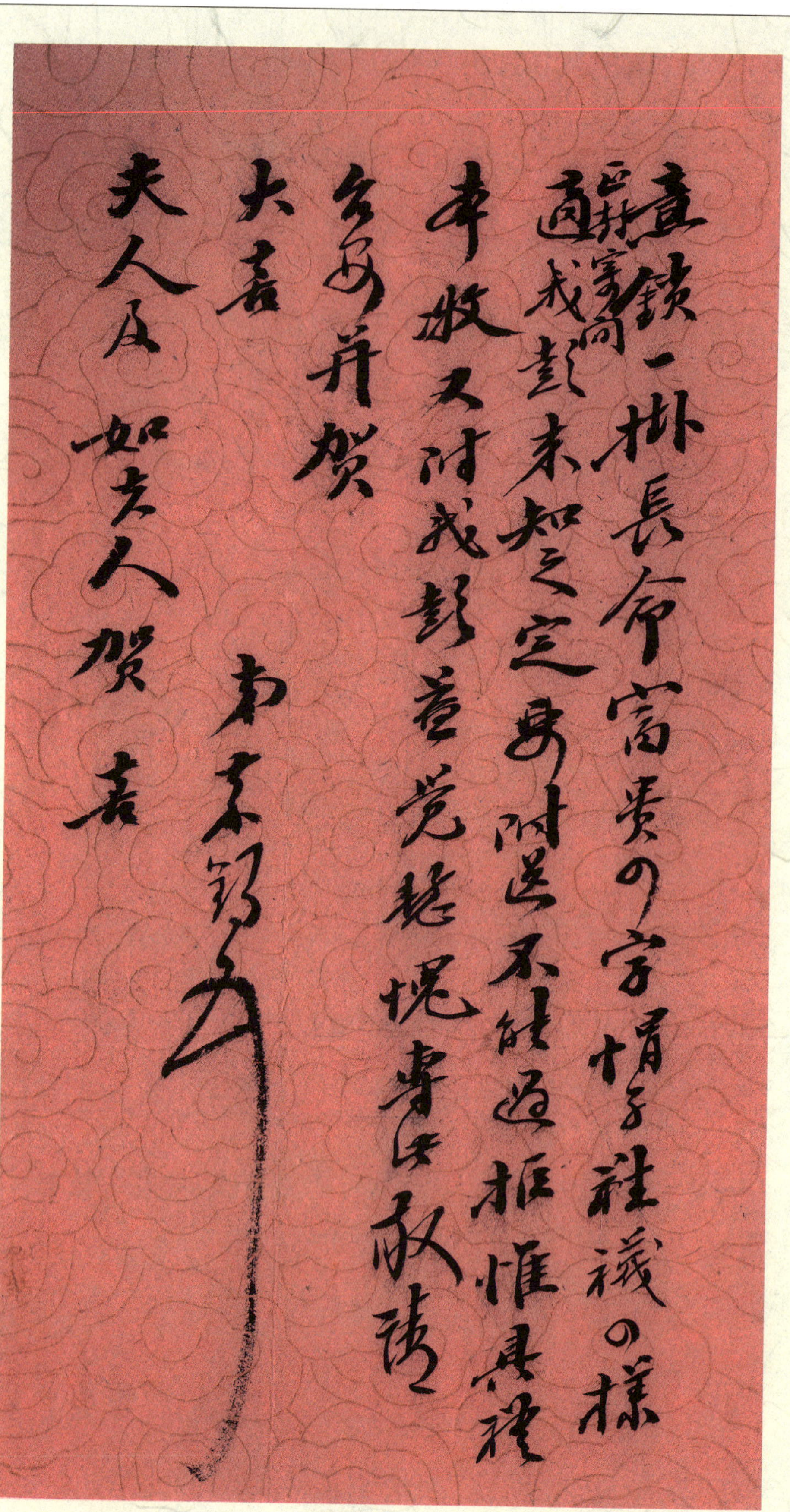
直錶一掛長命富貴の字帽子[illegible]の様
[illegible]適我彭未知之定要附送不能遍拒惟具禮
本妝又附我彭蓋覺甚愧專此敬請
[illegible]安并賀
大喜
夫人及如夫人賀喜
弟[illegible]頓首

廣雅前輩大人閣下不奉書且半年
壘寄賢勞何似甚念、嶺南寮到一新當收臂助
之效讀
公謂貧分委楫子於粵事蓋謇謇匪懈申報乃有
乞假就醫之說其民訛耶抑
起居真有不適耶侍入夏患瘍經秋病肺家君
腕疾數月始瘉外觀時眉內頤庭闈瞬屆服闋

仍惟有詮伏邱樊以藏吾拙唯離索甚苦不能見賁
終當訪
公耳賁之危窮蒼蒼何酷五年前與
公私論處其剛克不耐磨挫近得塞上書則氣益
平志益堅用舍在天而所得如此亦差足慰矣遠近議
公者咸謂接屬太疎治事太緩自因
求治過勞之故竊意

公之規略宏遠而處人龐政雜之區帷幄之中似宜招賢助理否則獨勤適以誨惰孤明易于召欺幕中如松雲之端篤則侍所知此外亦得力否丹徒戴恆子輝志節皭然器識宏達侍以為在吳誼卿之上唯泊於榮利不肯出處致之特難

公亦知其人否聞

公電調賴長臣前年復調其成陳聯科等到省想

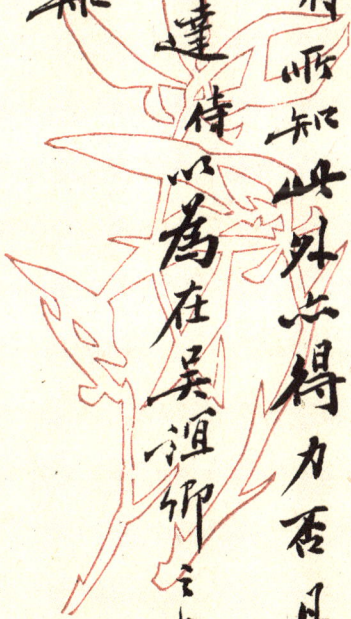

為鑄礮製器之用前見粵有成船四艘之奏以尺寸馬
力較之視船政所造橫海鏡清諸船不及五分之一平
時用以巡邏則可非戰守之資也閩廠工堅料實不知
者病其價昂實則比西來者較省侍平心細察頗知
其深當軸不就中整頓而舍自能之技寄購於外洋
置已成之基而增廠於旅順務名遺實可以概見閩防
善後自黃去後殊亦不殊近日制府出視礮臺則

貴爵所定購巨礮及今始來也魚雷艇一隻亦
貴所購駕駛無人昨見陳應濂自粵假歸亟言於樾
岑留其管帶並請仿造三四艘以輔之事當可成
彌縫補苴得寸則寸聊復爾爾何詩孫入閣數月
話舊惘然近正由廈赴粵云當造謁
臨時當能詳鄙狀也手肅敬請
台安不宣 侍禫陳寶琛頓首 十月廿五日

仲君我兄世大人足下：蘧船數語，又
已兩月，殘寒中號音念何極。此間謠
傳，遂漸安靖。近數點於梅生細仔
徐
春山，由閩遠權四川派秀，呈以滬
詞閱，借此為首李洪彬、黨華松
亭。譯金榜等大生與郭權名

壽詒老到，誅徵日課進功，來自
去臘似未之不擬，管最超遇張世
耳聽目眊，生趣遞盡，旌日惟昏、思瞻
家累又家將負理日益問，今樓
言以慰興，嫂侍極為欣慰，發諸
完榮四兄大人 頤安 植

竹君仁兄大人執事月前寄上一械并省平
銀弍百両請
代賄書籍亮蒙
詧入内坿呈
師帥一啓想蒙轉遞　節轅矣近維
孝履考祥
興居多福至以為頌所懇買書一節祈
代請吾

師明示或就原單購買或湏酌加增減均俟
憲裁唯遣去之人聞此時尚在省垣守候
回示可否于
從公之暇先將鄂局各書量行購就即
交去手攜回則尤感矣匆匆此布敬請
禮安不一一 愚弟吳兆泰頓首
師帥爺前乞代叱名請安為叩

竹君仁兄先生大人執事久殷慕
藺未遂瞻
韓願言之私歲年遂積今夏在都與馮志先舍表
弟相過從每述
先生長材高義南望江漢心與俱馳北闈報罷
將歸黄仲弢世兄為言
廣雅制軍高掌遠蹠翕受羣流慫慂作楚
游并允函中以賤名上達茲於是月中旬鼓輪

西邁前日到此借榻錢政局同鄉華若翁處今
日先潔誠趨謁恐
公允尠暇特肅函布悃附繳志先致書敬塵
青睞又王可莊太守上
制軍一緘亦希
貴神轉呈模初次到鄂人地生疎一切均候
指南以為先路之導應何時晉謁
節堂亦望

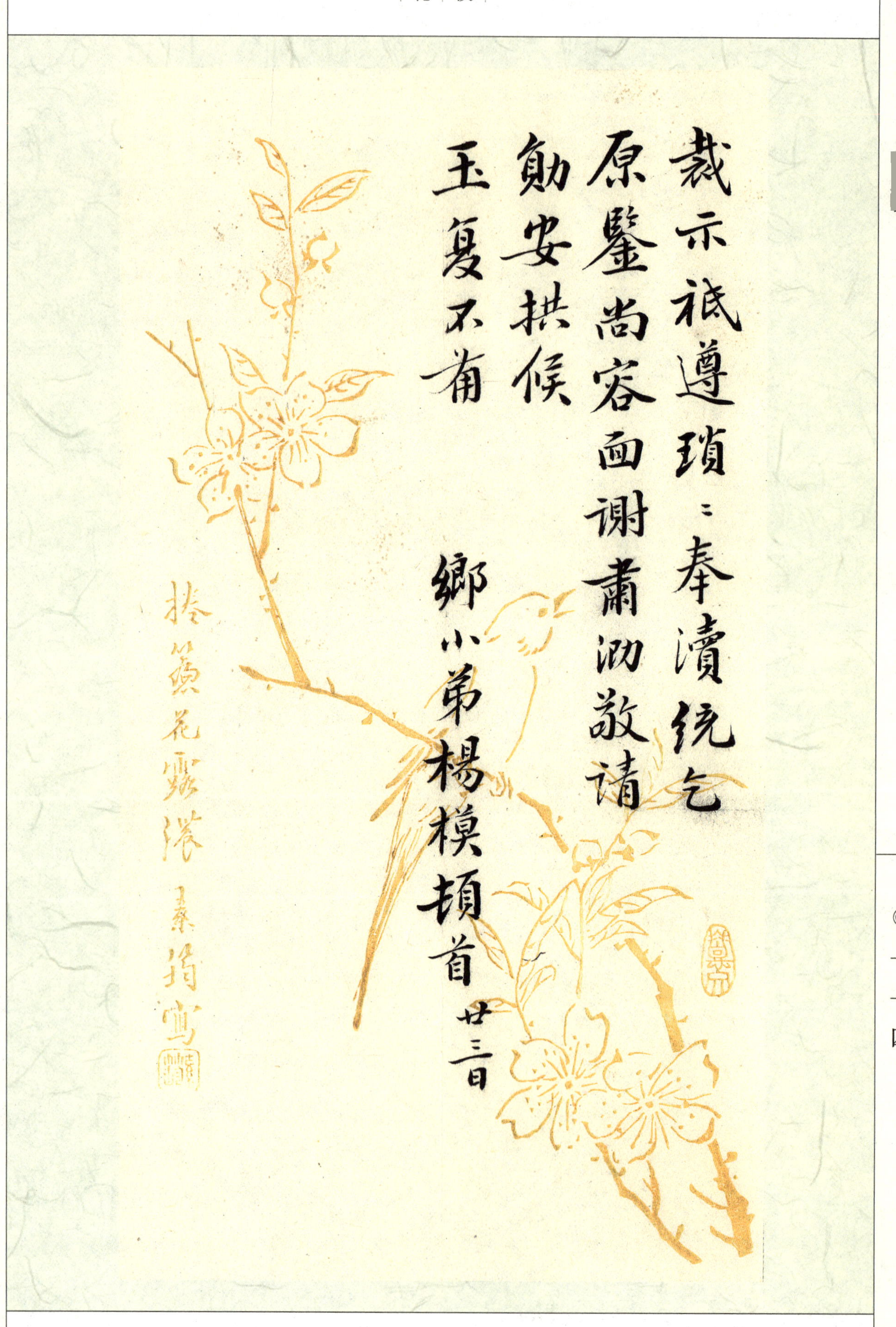
裁示祗遵，頊頊奉瀆，统乞
原鑒，尚容面谢，肅泐，敬请
勛安，拱候
玉复，不宣。
鄉小弟楊模頓首　廿三日

竹君仁兄大人閣下：昨得鄭君手示，言
師將取閱《周禮刪劉》艸本一冊，當交來使送呈。至
詢寄還之書，則仍寄伍山長處可也。弟駁劉歆之書
尚有《闢劉》一篇，言甚詳悉，終始因塗抹太亂，未便上
呈，俟還家後重理清本，再寄陳，以博
師座一噱。昨夜倉卒上船，風大不能上輪，在紅船中宿
一夜，風浪喧呼，彷彿茶山光景。天明始渡過江，幸
天江通尚未開行，想今夜方得長行也。此行屢擾

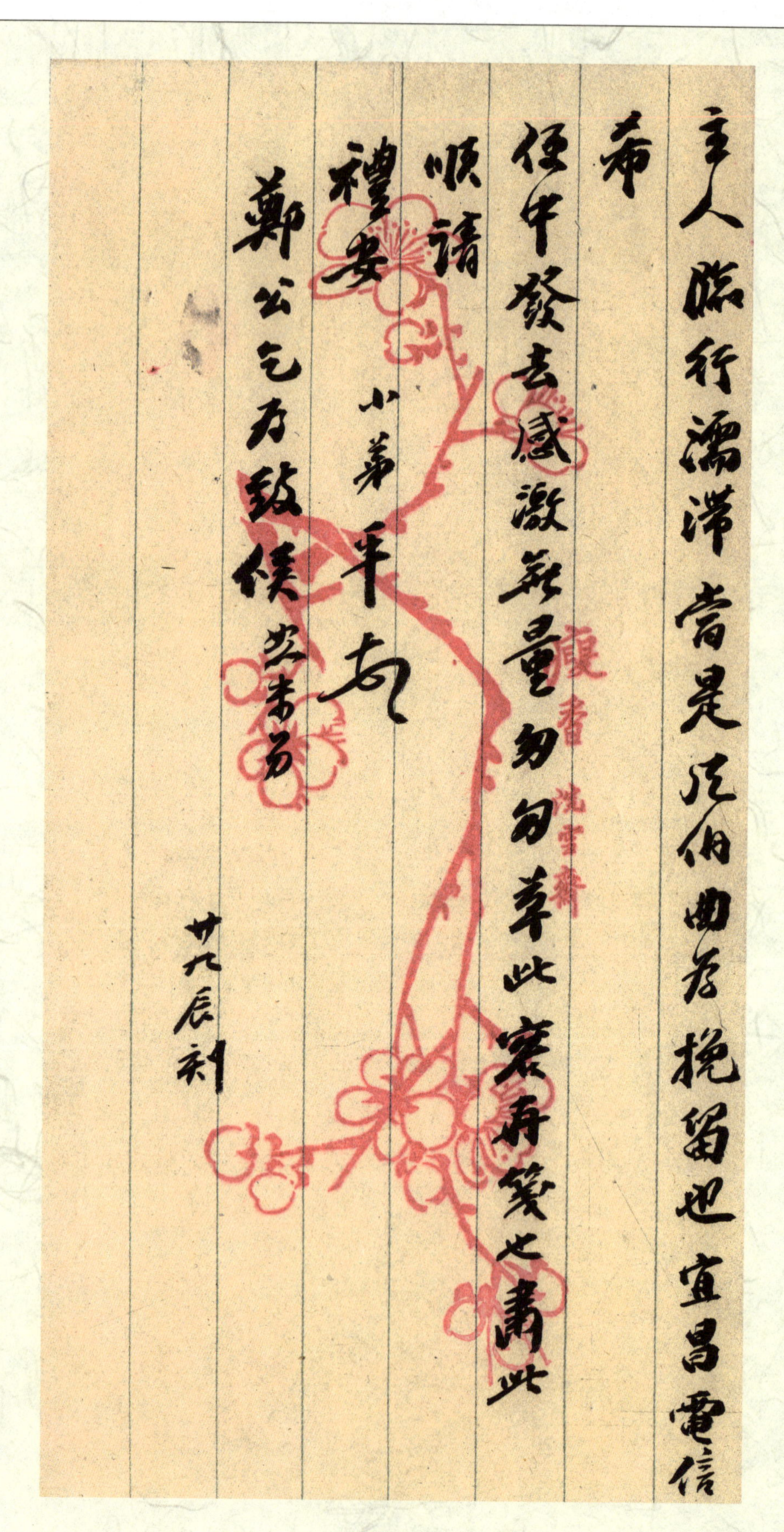

主人臨行濡滯，當是汪伯由局挽留也。宜昌電信
希
任中發去，感激無量。匆匆草此，容再箋也。肅此
順請
禮安。　小弟平頓
鄭公乞爲致候。兆書另
廿九辰刻

江裕舟中三日，飲食起居皆承
君賜，感戢無量。抱歉者，附片太中
當事貴人之病，小住西日，溽暑困人，晚乃
與培公東下，不及之抵廠矣。日來料理銀行股
集股方與梅生議舉，仍附梅生為公學
久遠計，公等為鄉里小學校計，梅生有公（亦似有公學四百萬，仍求二三萬之語，不知記憶否）
學而入股十萬之說，事既舉行，好友大
去喉與杏公書中理梅生之意，請計實入

於地々與外人，皆之必召大悔而不可為也。此意亦望為查之言之。

謇頓首。以後章程十年奉覽。大約每股觀銀五兩，地四十餘畝，每畝成本洋籌，租可千數百兩，輸官銀約錢照均之差。為利甚論，重他致議。東奉早晚希答，附候不一。

竹君仁兄大人

謇頓首 初十日

謇

六月初十

叔雍世仁兄有道席
惠示伏承
侍奉康娱
興趣佳勝吾任馳仰玉霜照海百昌
為肅
君与伯夔輩當更有寒香襲肺腑也
藝苑鍾興猥荷
旁徵近句但本店倒閉之後尚未開張

疾無以應

命奈何。且鄰巷詩客則有鶴柴晚

報需索之預約，供不應求，且意主謙

讓，謂不敢登青天白日之報也。聊博

一笑。率復，即頌

侍安　　三立頓首

尊公前乞致拳拳。

牀韞之叟別經四閱月無時不相念初以道路勞
頓繼因心緒惡劣久稽箋函嗣又患腹瀉百日遽下
惡劣殊甚當時枉顧之頃在此如因危誠難走豈多
月惡劣而終輟書錄所收書讀奉呈如左
吾家弱弟名師曾字德潛丁亥七月生渚生錢恂書
文字通曉字畫端勤近且讀英文步進意現穿

傳劬姻丈執事李莊明家本年亦在其母服中故
不能鄉試然亦未重在此其精神則中等其志趣
則上等論學問正在多方研學府西學以出洋爲志之
之如了頭先謹守家伊去年來申又與閱見相
離北門暨親之婦爲伊村家雖貧則不妨係嫁娶
侄姻亦可援不追付西託向趙竹居家代姻

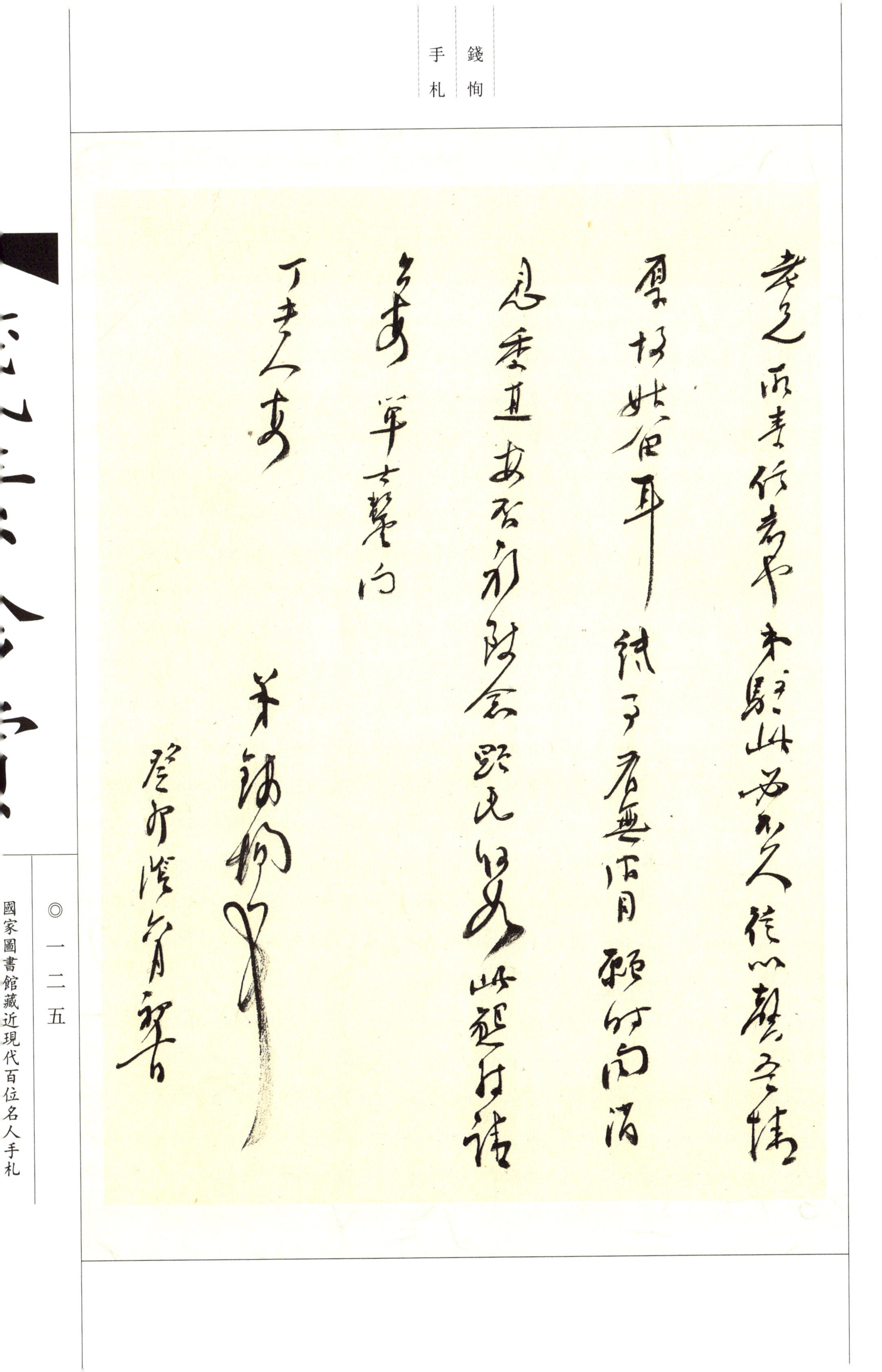

元伯仁兄先生大鑒：近所發表通告，各派失其情形，十二兄來寓晉已面達，惟弟力以為主者，或有爲指時之作用，否則對於全局對於一己，均爲失策矣。今再進一言，並附另件，即希轉達為禱。敬頌

台祺

慶之軍長並致候

惜陰手肅

黃、姚二君代表來寓進謁馮將軍，祈希介紹為叩。

煩帶上也

再審清發表宣文，必提明堅持約法，力護共和，使復辟謬說亡從希冀，且可安定獨立諸省人心，不致有異議，方能共圖進行。未來各省亦可景從，對外亦見義正詞嚴，交涉有詞可措也。想高明當以為然，希即進言至幸。

惜陰又肅

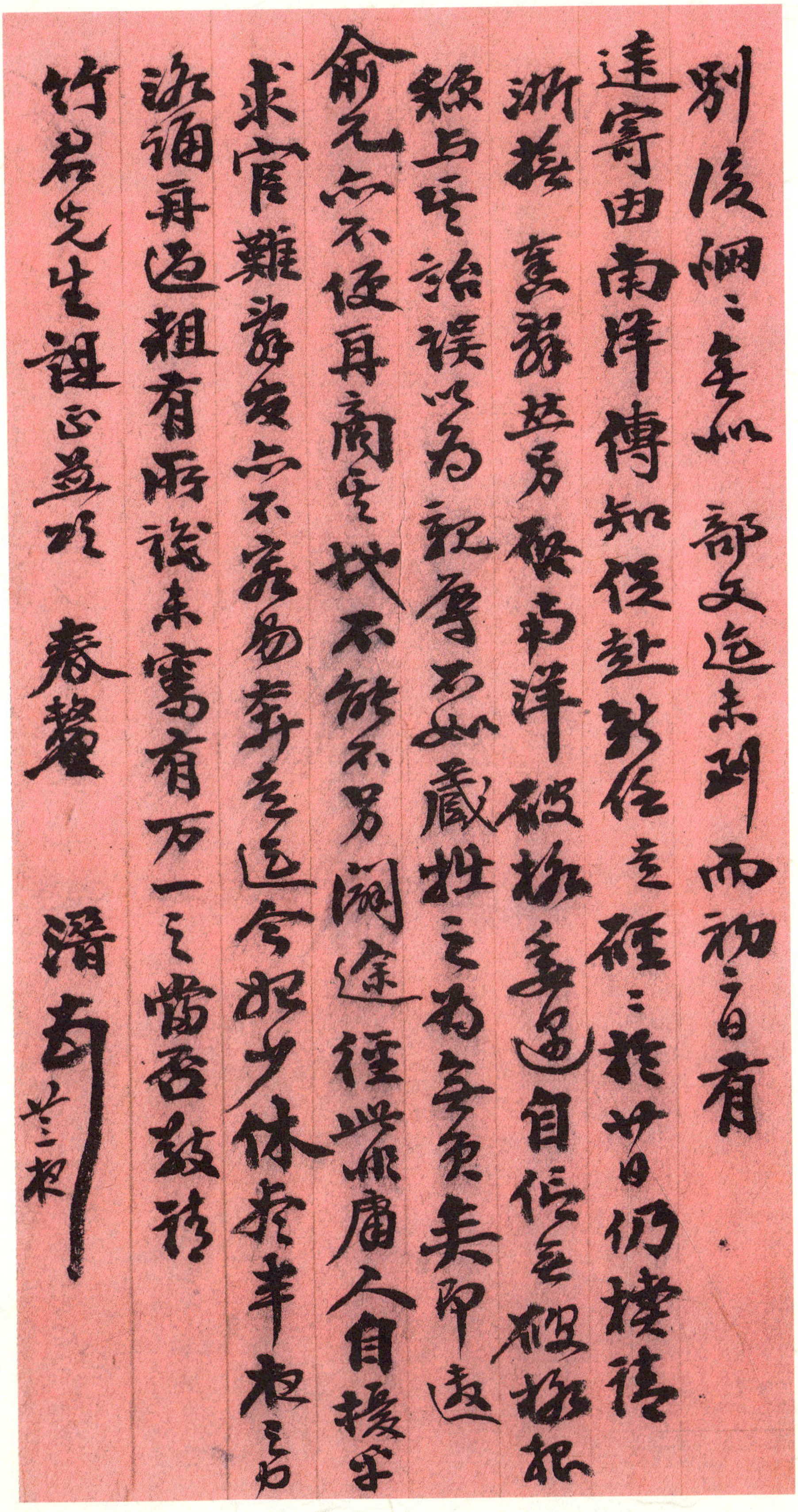

竹君仁兄大人閣下昨晤陳館隨
張中堂到京日悉
尊體康健殊深欣慰又聞
閣下以近日時事多不能如意廑懷十分君
子憂江湖之遠憂國憂民所當然深堪敬
佩然國家之盛衰全視全國人民之程度
斷非數人所能爲力我輩惟有望國
民漸進文明人才多出緩之轉移而已中

國如此之大，人民之衆，斷非改換新章程、學人皮毛可能一百即致富強也。弟此次滿擬出洋過滬，多住數日，與我 兄暢叙平生，不意能留京都，實非所願，只可盡力勉強支持而已。此次南皮入都，外人咸謂必與項城爲敵，現兩人相愛極爲融洽，弟亦極力調和其間，不稍不致有意見，且彼此之相推讓，真國家之福也。我
兄逍遥滬上，享家庭之樂，何樂如之，羨甚羨甚。
令郎想已長大，讀書必極聰明，但身體最要

有精神方能辦事也　令其學習柔軟體操
勿過於逼其讀書　近日如有小照望寄我一張
現下由蕭提出未大熟　使有上好者下次再寄
弟現在上午到稅務處　下午至外務部　5幼時上
學一樣　不想五十歲後入學堂也可笑之之餘未
細及　專此敬請
台安　並請
闔府掌安

弟彥　八月十八日

遐庵仁兄道席：一昨奉
書敬悉一一。石蒲園令選詞稿，諸甚善（王集下方亦未圓，尚乃定）。
譚君詞宗卒讀，徽王況二公詞，就鄙見
多擇十餘闋，備
篋中集覽。敬用叢稿之清詞鈔，勿當可（鄙拙內樵風樂府名首何人假去，亦宜有之，如請一借可用）
多錄也。拙詞不足選，姑徇
尊指，記出候
雅裁。復頌
起居。不期 孝臧頓首 廿三

節府聚居深叨
麈教
隆情厚貺感切五中敬維
竹君仁兄先生大人懋績日新
興居多福為頌弟禮闈報罷中夏出都航海泝江以七
月望後旋里家居碌碌賤況如恒跧伏窮山闇見日
局本擬明春南來適因舍弟悦以前隨滇軍微勞得
蒙
帥恩保以巡檢留廣補用自應令其先行赴粵

藉效涓埃舍弟學識粗疎深虞不稱前此已叨
大庇得進寸階尚祈
始終玉成推情教誨則感激者豈惟身受而已區〻積瀆
鑒原是幸署中 諸同人見時務乞
代達鄙忱是所切禱坿上川肴近刻二種統希
莞納專肅布達敬請
大安諸惟
朗照不宣 愚弟楊銳頓首

冬夜花近樓宴集賦贈
曉華主人 希 粲可
博士高名冠海濱江南花落舊人新
賦才宋廣平愁盡（廣平有梅花賦）文酒周公謹
比醇韶樂宵知三月味頭銜獨占一枝
春逢 君歸我宣南夢裘馬斜街踏軟
塵（寓居北平李鐵拐斜街）

庸庵老人初稿

良晨箋

妹薇詞社長先生侍史：

手示承

詢吾弟來由廣東到京，考入成均，送京

大學。洪文卿侍郎派隨使節駐德三

年，保知縣，充東方學堂教習，翻譯，改官京職，以使館試得國

子監典籍，戊戌薦經濟特科，未赴。本

良晨好友社製

良晨箋

本布衣之舊事重提一笑。東主次詞事
某議，弟今擬設席功德林奇待者，向
老遜庵詞長同老蓬趣至樓，弟弄老
出良友中以推貴俠，開歲即舉行耳。
順布寸復，不一。
撰安
弟飛聲頓首
沈百毛先生舒齋左

弟撰句沈先生聆詞集，如另處未有，當即
送上修正。海讀改正不行

良晨好友社製

示悉
尊論極是，遵即照改，謝謝。篠崎
令弟來視，以藥水須漱并服
藥粉，所患損減，靜養一二日或
可全愈也。知
注，附告。夏請
竹君吾兄大人安
弟鼎霖頓首 十四

泰西諸國懼俄德人擬之如獅
令郎頭角崢嶸他日氣象當為泰西所懼內子持
作獅帽為
令郎壽因弟病未成呼舍姪女補成之茲以送
上希
哂納弟病近更支離前書其人物即吐今日果然半月
來生氣漸促陰氣漸至天氣驟寒更覺難支中西
醫雖云無礙所言未知是真是假弟半生業此豈不自

知大鈞舍多者少，委填溝壑時雖不在目前，其亦未遠。[illegible]弟至滬上已近三年，新交知己祇有足下一人，不能不為足下告也。近承步詢，謝謝。肅此敬請竹君仁兄世大人鈞安。世弟劉鶚伏枕拜手上

初六日

前日
惠摺以論失語為歎維日四鐘升
移玉過前年業以集尾每別家取便請
談勿卻為荷
雅似先生處唐破格鴛用可喜社
藝公不能以存為榮而書幣以質來見用為廣廿不審何
日能來尾 亦須去此如知其來日也
示知尚著一紙劉廿此請
竹君仁兄大人 大安 弟育仁頓首
廣雅師出京後雖俱清如鄂而道甘 初四日

竹君先生足下仰慕
道範久矣常以未能親聆
大教爲憾令處奉
手書更見
先生本愛國愛鄉之真忱發爲至精至切之確
論捧誦之餘深銘五内際此國勢顛連凡有血氣
興亡與責況國璋職守所在豈忍坐觀數月以來
焦心積慮欲求一挽救之方而不可得自得

教言以為印證始信法律為國家之正軌違法律而
出乎軌鮮有不顛仆隕越者今欲納軌乎正道又
非依據法律不為功惟是千鈞一髮因循固能誤
國輕率亦足僨事 國璋惟幸此擁護民國維持
共和之愚忱與海內外愛國諸君子同氣相求循序以
進對內對外冀免不可收拾之禍質諸
高明以為如何此後風詭雲譎不可捉摩毫厘之差
謬以千里尚乞

時錫嘉言，俾遵南指，望風臨楮，不勝惓惓。肅此
敬頌
道祺，諸惟
亮鑒，不宣。　　名正肅
組安
濟武　諸先生蔭詧，此懋未另
伯英

妹雍仁兄大人執事前日得
惠翰并
高撰國泰處擬騈文早已完篇 慶丈見之極為讚賞渠以
當今騈家推弟一人未免阿好之言然弟于六朝最深著成一書名
日六朝麗指中私謂後可刻成也久為未寫入表中
足下何日來取先期
示知日子命筆照繳
撰安

弟孫德謙頓首 十六日

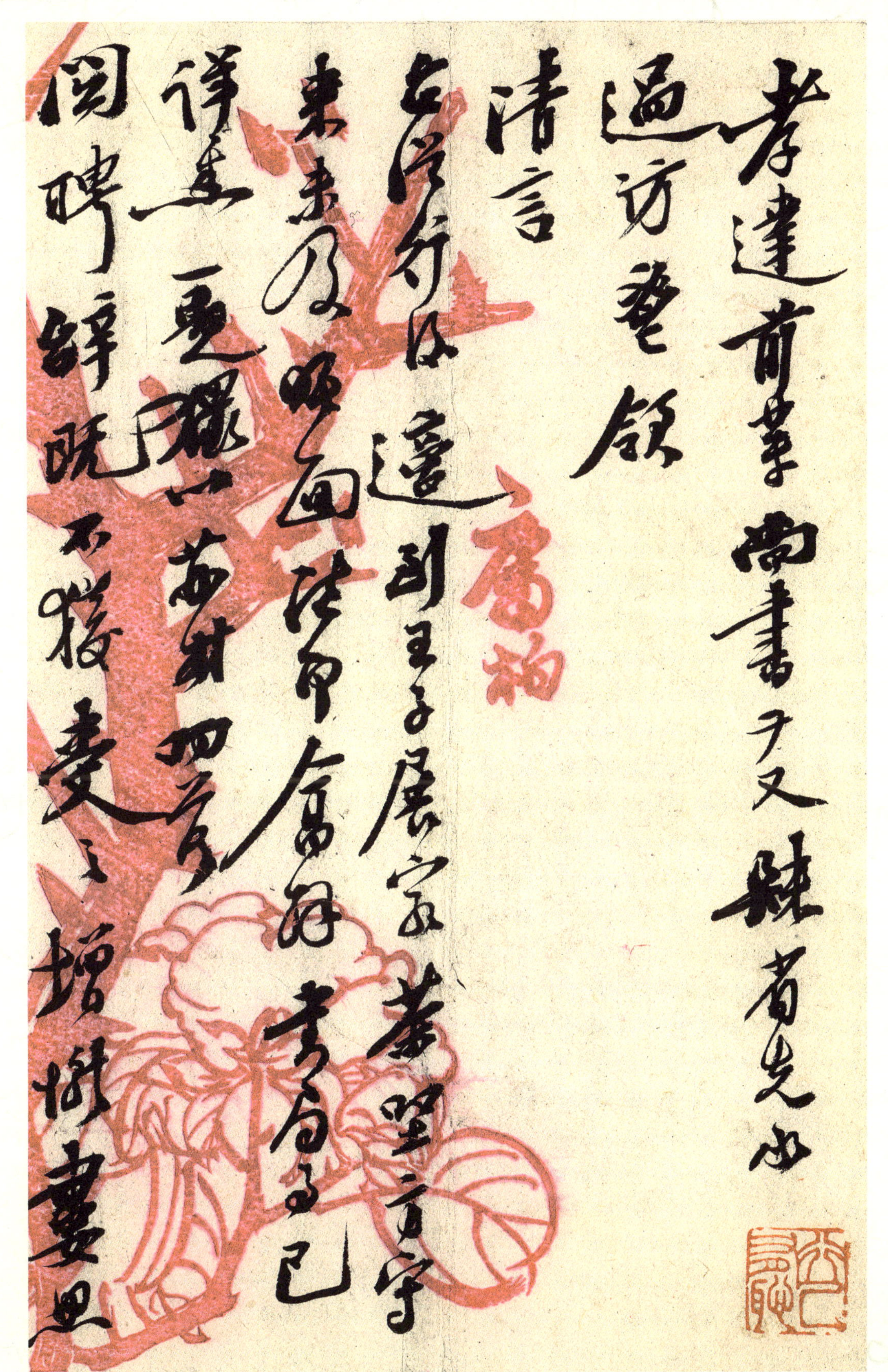

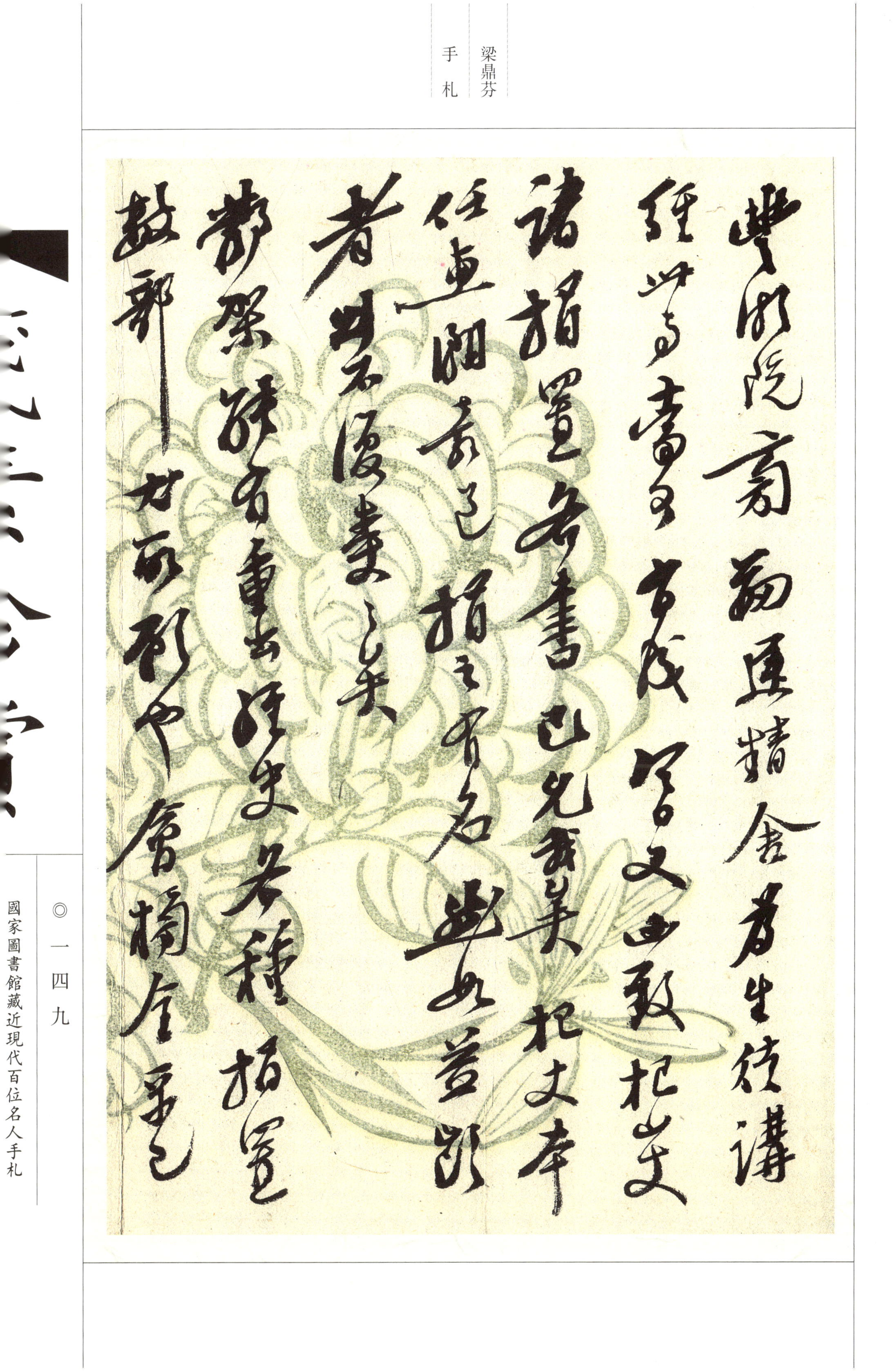

日前晤談快慰伯愚都護志鈞姓氏新
稟詢
臺郵揣
示复愈速愈感專此即頌
求雍仁兄侍福 頤拜手 首

華甫將軍左右：送次與免伯諸君面晤，備
悉
公義行老謀，久為國家安危之所繫，[illegible]日了
轉迫矣。外患未乘，吾人當自動之，[illegible]
勿坐失時機。邇近殘華稍再說外向西有以後禕
之說，立異於國中，以援間墜於國外，安攀同
唐國巳大欽[illegible]

公公愛國極熱，自決不爲此嫌疑之所動。救國之道，惟有循法對內對外，無異言所謂天理人情之至理，惟有大力者爲能發揮而光大之耳。夜長夢多，遂擬此數語書，無任迫切盼禱之至。敬

仰大議并頌

勛祺

紹儀手上

竹君先生道鑒：孫齋聯軍突起，蘇常均當其衝。
吾蘇人披髮纓冠以謀自救，斷不能任其再演戰禍。
弟頃致馬相老一書，請其電招馮煥章南來解決。
蓋以馮可不帶兵，而尤爲孫齋所不能反對。若能利
用之，雖非奉張所願，但出於蘇浙人之公意，彼
亦不得不承認。原書鈔錄奉

覽悉
尊處別有奇策足以遏此亂端更為桑梓之福
弟十六甫由蘇返里本擬即至吳門不料次日車
路即斷并以附
聞敬請
道安

弟王清穆頓首
舊歷臘月廿日

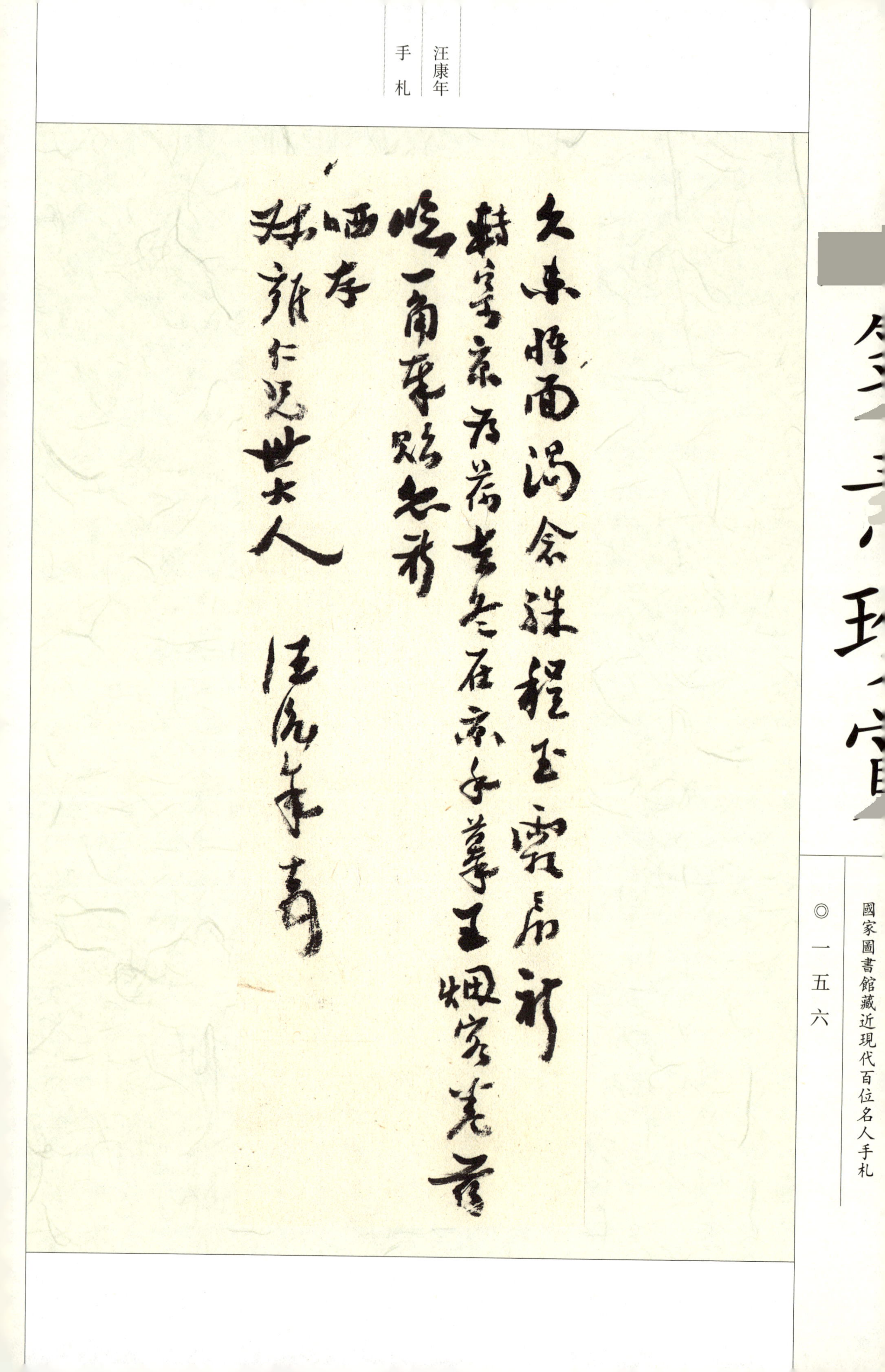

竹君先生道鑒：咫尺滬濱，竟疏塵誨。蒲風梅雨，企想爲勞。德全受事以來，衰病徒增，時艱無補。林隱駐金陵，接洽軍隊，責以不肯暫留高蹈，勉爲步武後塵，昕夕兢兢，懼滋隕越貽羞我蓋乎。日來屢得故鄉書報，川事黑暗莫辨，異途非得威望之人持節西行，鎮

不足出民水火。昨在克公坐次，遇精衛先生譚及此層，經與原意合，從又得項城密電見商，播三西林昔曾入川，惟對於尹君當須商榷權宜，與岑尹均未謀面，且自滬節吳中，鄉事兩無從為力。

執事閎識偉略，素所欽佩。克公及精衛先生均在滬濱，尚望

藍
譚兩代諸鑒鑒：
東北援助，倘得目的到達，不惟川中幸福，即神州
大局裨益，而非尠淺。他日者為數千萬鄉人
都呈拜謝于
大君子之前耳。軍塵恩偬，言不縷悉。祗頌
安祉。餘托表面陳，惟希
為國珍衛。不盡。　德全頓首　十五

舊身欲何往盤空殊未安高
樓一旦成截然如斷山腳根愈
堅牢世態愈等閒犀躡不易
到鳥語時閒關道人袖手人所

患猶多言今年有新得稍閒
應對煩獨居石質樓種松待
參天妻子真我客歡然來扣門
露臺性宜月我性愛登臺月宜

與我期臺成月自來從遊者清
風披襟共徘徊便當凌霄去惜
我非仙才人間寶汙陋孰能安
形骸可憐玷風月撫膺暗生哀

碧海連青天月逝我獨回
樓東多栽竹寄意在避俗頗閒
人驚嗟新竹鬱已綠凜凜十萬
夫森然態何肅微吟向風前和

我以晏玉吾詩豈輕作對爾詠
不足未須矜歲寒聊為解熱
毒
移櫻四十株穠麗會成列以知

非我春耽〻意不滅當年空能
狂過眼纔一瞥對花欲抉目積
恨誰與雪獨餘惆悵味老去求
思絕刻意仿周動傷春更傷別

趙叟頗有道種樹滿其居二女
嗜學詩鳴琴驚里閭相公子故
舊一顧登顯途胡為託養病閑
行貌甚腴人生宜蚤休許國計

海藏樓

轉疏之子真我隣吾道良不孤

樓成後居桂雜有作甫得五首

錄奉

竹君吾兄有道正之　孝胥初稿

己酉六月十七日

竹君我兄大人麾下相違三月
渴慕爲勞官制事繁
議者草本發表爲尚無期
阻障太多因緣太少無如何
也弟南來值此文波頓難

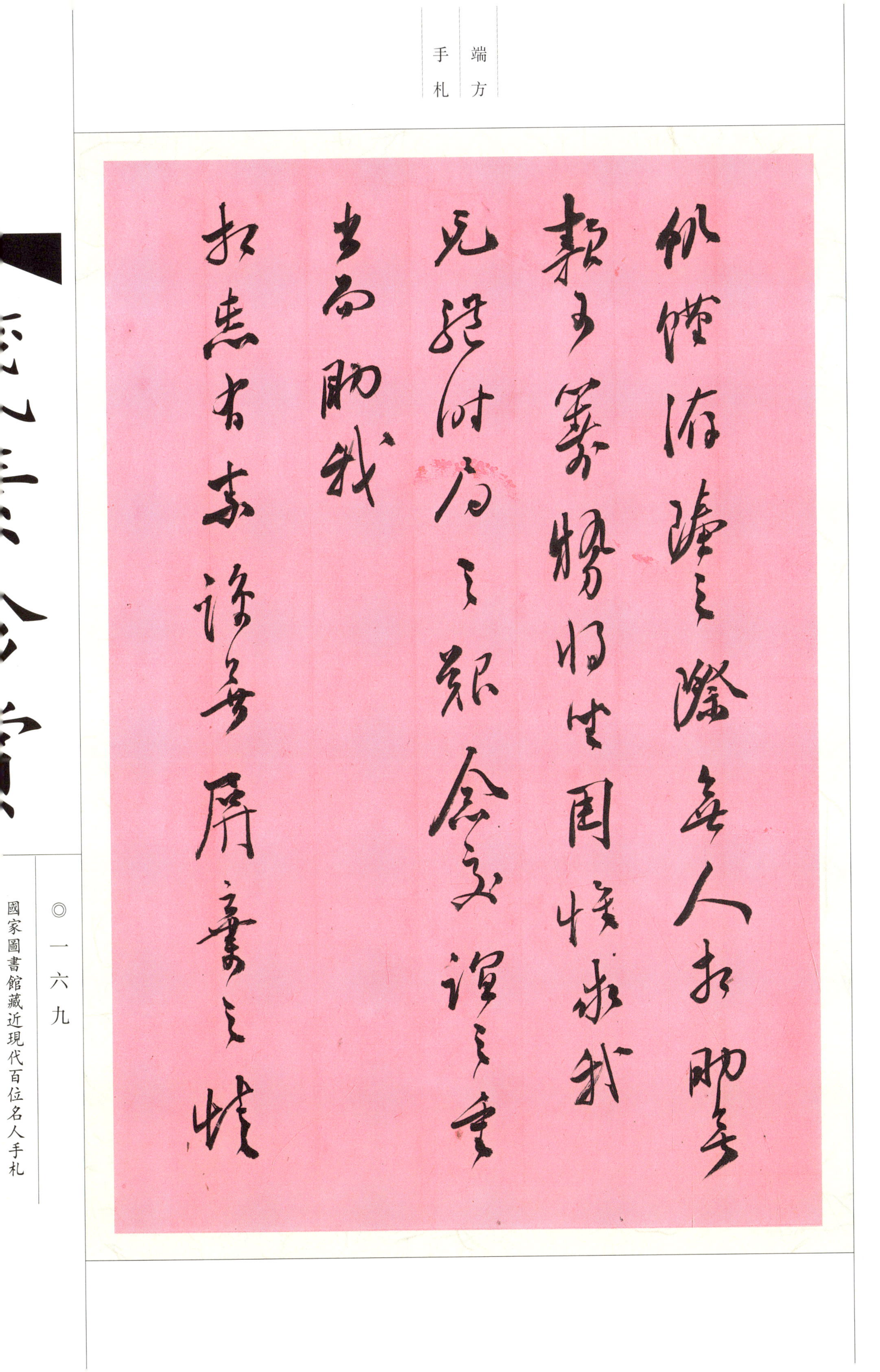

特屆武如陳辭一為乞
鑒允餘俟
台從過寧面談一切肅請
道安 弟端方頓首
九月廿日

竹君先生大鑒：客臘四年蒙賜
指誨，俾無貽羞。
垂愛之深，未知所報。臨行又荷
厚貺，壯我北游，方諸古賢，勘兹
高誼，銘感何可言耶。此頌
起居，崇禔。弟十九日抵都，
委件已交仲弢前輩、仲公互辦，分爲兼
譯學館差，以同事，明日當移住館中，達

日謁座師尚未過半，約須再破三日工夫，所謂
舊例不可減也。播臣仁兄二人以龔仙季直兩前
輩立憲方進之，不再下一語俗言，鄰城馬矣。
泥沙拂拂入尺，令人益壽，清緒識不虛矣。手此
中謝，祗頌
台安。紙
祖蔭 不宣 小弟梫頓首 二月廿一日

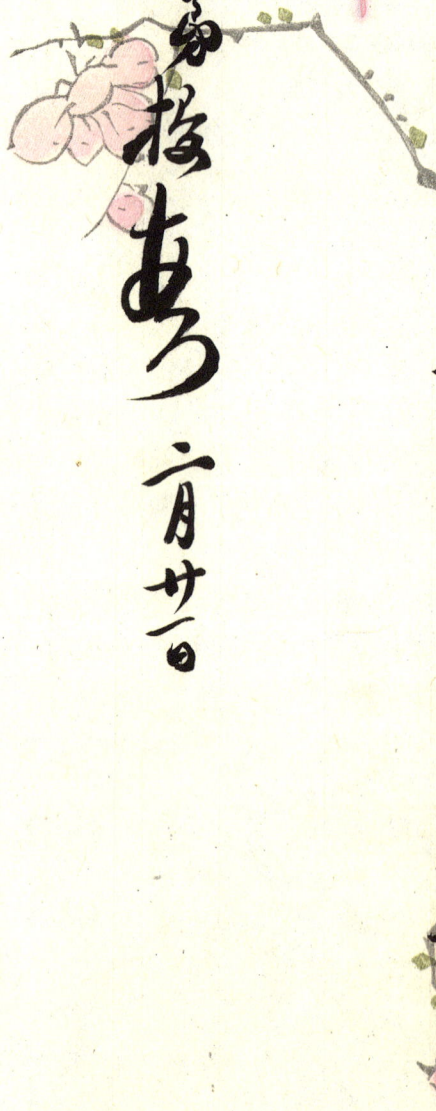

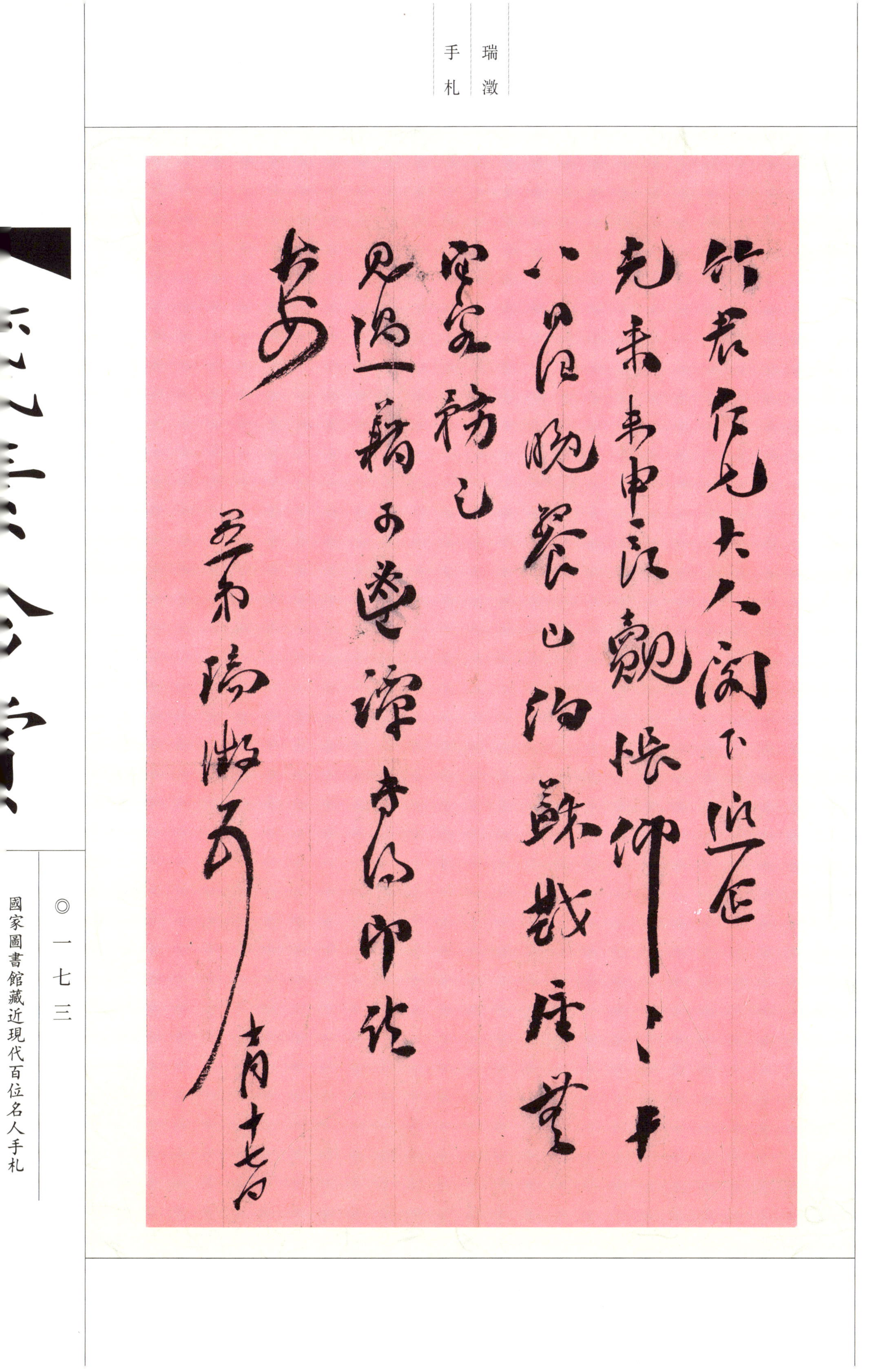

總統府用箋

第　頁

竹君先生執事：民國初基，餘膻未洗，萬方多故，正待經營。文以薄質，謬承重任，思力未精，龍[illegible]堪虞，端有碩彥相爲扶持。恩負國人推選之意，素審執事器識宏通，體用兼備，凝籍高遠之識，以爲切靡之資。敢本屈爲樞密顧問。執事智珠在握，天下爲心，想當

中華民國　年　月　日

總統府用箋

第　頁

慨並惠顧共濟前途臨楷馳心毋任延
佇盼即頌
興居惟希
炤詧

孫文謹肅

中華民國元年二月九日

伯希先生大人閣下：久疏
敬訊，
興居安勝為祝。[illegible]
今年尤勝乎？
先生[illegible]
將來[illegible]行，[illegible]是祈。
[illegible]
道安。弟羅振玉頓首。廿日

惜陰主人惠覽：昨奉一信，即入
寧矣。屬向南京袁君索回原函
頃已刻經指潤，當經段函昨由郵局
退回。刷袁已故也，無多餘款，後陳研因來
商酌（刷研有信來，云如事可了）。春花開
堂手啟蘭當發集之東抱孫之樂

宮保無涯，弟近以讀經，明知一二，後
以幾華年，先生乃無多矣，私意
上異乎良執，以為濟味，為萬凡人
之煩惱。頃來由爲也來要信佛近老
萬色固不論已，則未能免也，此語甚平
而極有研究。慧以人生乃能鑒之　弟寬

竹君仁哥大人閣下滬濱奉袂備荷

指陳動關竅要私衷諗感非可殫宣執別以來

企念

興居定臻康勝弟到京後將學務章程略加

釐訂京師衆論紛呶甚於外省著筆之難左

支右絀近甫引端緒流傳臆度百喙夢囈詞苑

諸公更與改翰林院為學部即制大學堂文因前

次諭旨有通行各省事字樣忌諱尤深文章抗論學

務事宜，丞謂學堂興而三綱壞，又有一摺具言步武他人
不足言學，必須力圖實過有聲外通聲，光外通光，化電外
通化電，諸奇談，又有人請三年之後學堂辦無成效，請將
管學大臣以下議罪，竊維群疑叢[?]於置辦，此等情形原
早為意中所料，未以為興學一舉實為國民命脈攸關，倘
蒙疊[?]風濤勉強支持過去，此後必有成效可圖，未前在滬
長沙第一次奏摺太近空泛，未能實舉辦法，懷[?]中生出無數葛藤
上大政宗旨以整齊畫一為先，細揣目前情勢，則尤以京外大臣協
力同心為整齊畫一之根本。日前南皮宮保來電，同鄂中已

二

辦編譯課本一事，欣悉大學堂課本續出，本省通行，則鄂譯局諸勞心力，因電致長沙，屬專中有日本名學課本非必盡由文部核定等語，弟代擬覆電，略謂尊處派員查勘日本學務，從事編譯，先就南鍼，惟公所頒等語，長沙雖稍有改動，大段用意相因，今鄂局相之開辦，但能宗旨相符，則聯絡一氣，必於大局甚有裨補，仍望拔趙幟而立漢幟，方足壯門戶哉。弟於籌辦辦法數端，其歸墟統在通力合作四字上，今謹備為我 公陳之，抑其中聯絡介紹，悉賴經營，其能使湖

三

任此事俾江鄂與東師合成團體結力者必其人洞明宗旨深願

大局之人抑非我 南皮海內大雅多能任此者也竊不敢必

公又孰能任之今將所見條列於左已 惟采擇羣能調劑其間

得有成就則天下學堂以 公為不祧之功矣

一本此次所擬章程照四月間出奏持論尚須力求圓融不欲以權力用事也斤斤於整齊劃一為宗旨者因各省風氣通塞

不同處有頑固之人從中梗事則全局渙散如蘇州之所謂改學堂直

是具文敷衍塗為非有守舊蹻悍之力如湘省則紳士把持非常為難

此數不可不防也江鄂得氣最先出而主持大局天下志士孰不傾心 又

長沙天分甚高，休休有大臣之度，尉非爭名門戶者，和衷共濟，足
其本心，江鄂均能降心於節，畛域胥融，諒其苦心，不加意見，則
天下幸甚。
一、譯書一事，為京師大學堂最為難之一端，因其事重大，且力
多未逮，譯才尤難，弟現擬與江鄂分任其難，或以類分，或以級
分，彼此參觀宗旨，齊同次第相接，方爲完本，他如中小高
等各項等級程課，弟已望之羅叔韞取擬列入章程，勘命袁
實之聯絡一氣，可預傳消息，以泯參差，隨後應辦事宜，須隔介

相商推者甚多，並能以編譯一端稍效意見

一系師眾論紛紜，每立一說，輒相傾軋，頑固之風甲於天下。長沙

風尚和平，（而常慎甚太無芒角）能近日以學堂一事（又多因循況不遂怨之）稍持宗旨，頗為俗流訾詬，清望

愈高而忌嫉愈甚，煩惱之時，致欲辭去此席。承 朝廷別簡

大臣，徵大學堂現在情形，如大海中一葉扁舟，駭浪驚濤，隨

時可怖，必得眾力扶掖，始免傾危。鄙意（而非推長沙前建議，謂眾論紛呶，不如奏請張劉兩公合力同辦，最為妥）南皮學術兼綜

新舊，並世碩望，更無第二人，若能稍與維持，亦足間執庸流

（善援政務處及外務部之例也。長沙以事太鋪張，躊躇未決，或於之亦未可知）

之口。此事極關緊要，而從中介紹立言甚難，惟 公圖之

（高見以為何如？近有主聯合北洋之說者，恐不洽公論）

上

以上各節聊擬鄙見，略陳梗概，至

哥精詳周密，勝弟百倍，尚有所見，務乞隨時

指示，勿相見外。同事中惟總辦、提調大略派定，教習一項

吴摯甫已奉上諭，外惟弟一人濫厠其間，俱未定局也。現在

建築學堂，請地尚未定局。至款項，惟常年辦款有華（次侯榮相擬假）（同事中近立一公約，非開辦後不支薪水，長沙）

俄銀行利息可指，開辦經費大都無着，乞援各有未逮（以夫馬費為言，亦力卻之矣。從編書造屋種種繁難，未知何日核經鼓篋耳）

務應所求爲盼，手肅勤敬叩

台安

弟鶴齡頓首 廿八日

弟現居武陽館，一二日內遷寬坊橋官書局內

上

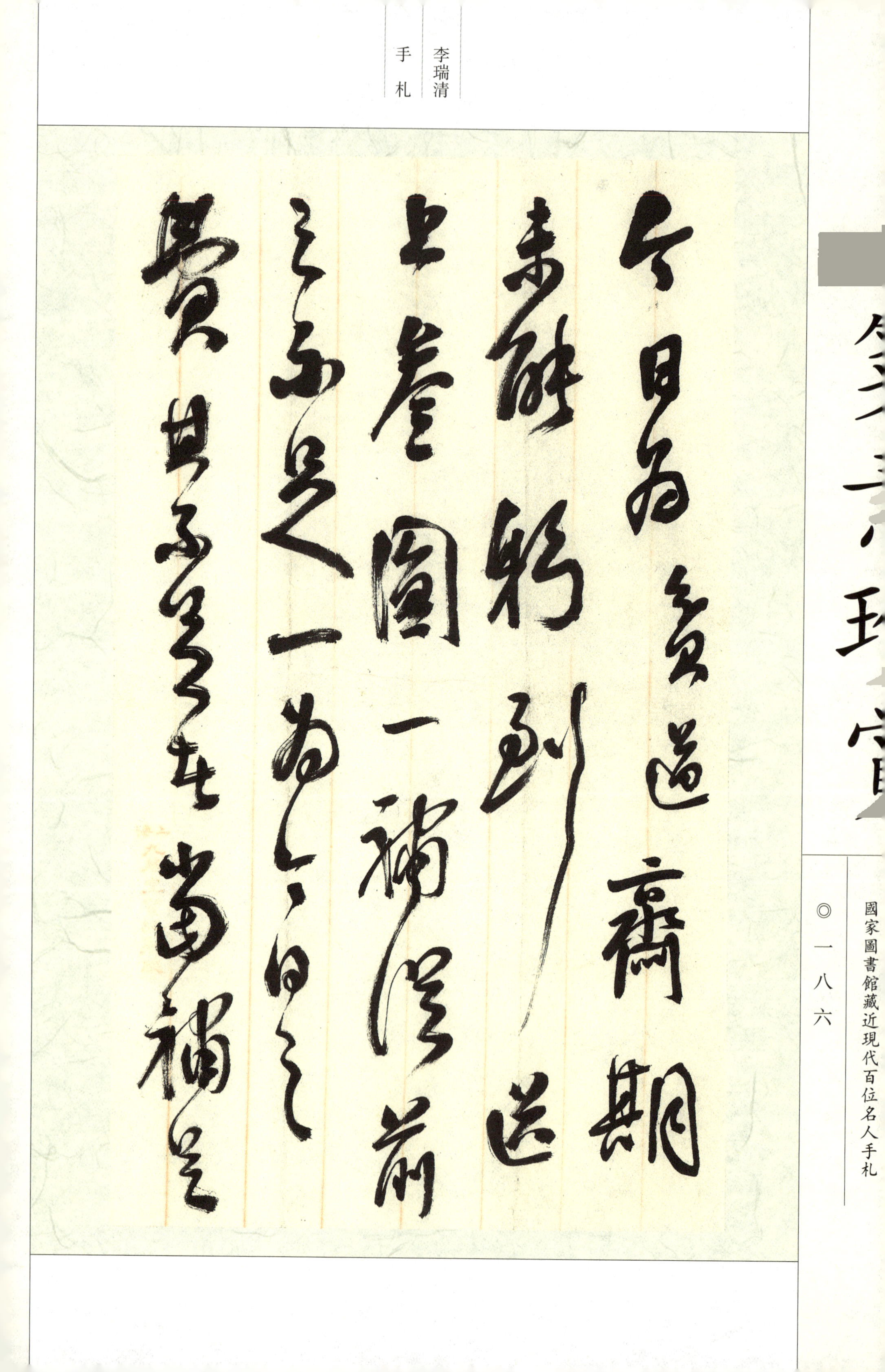

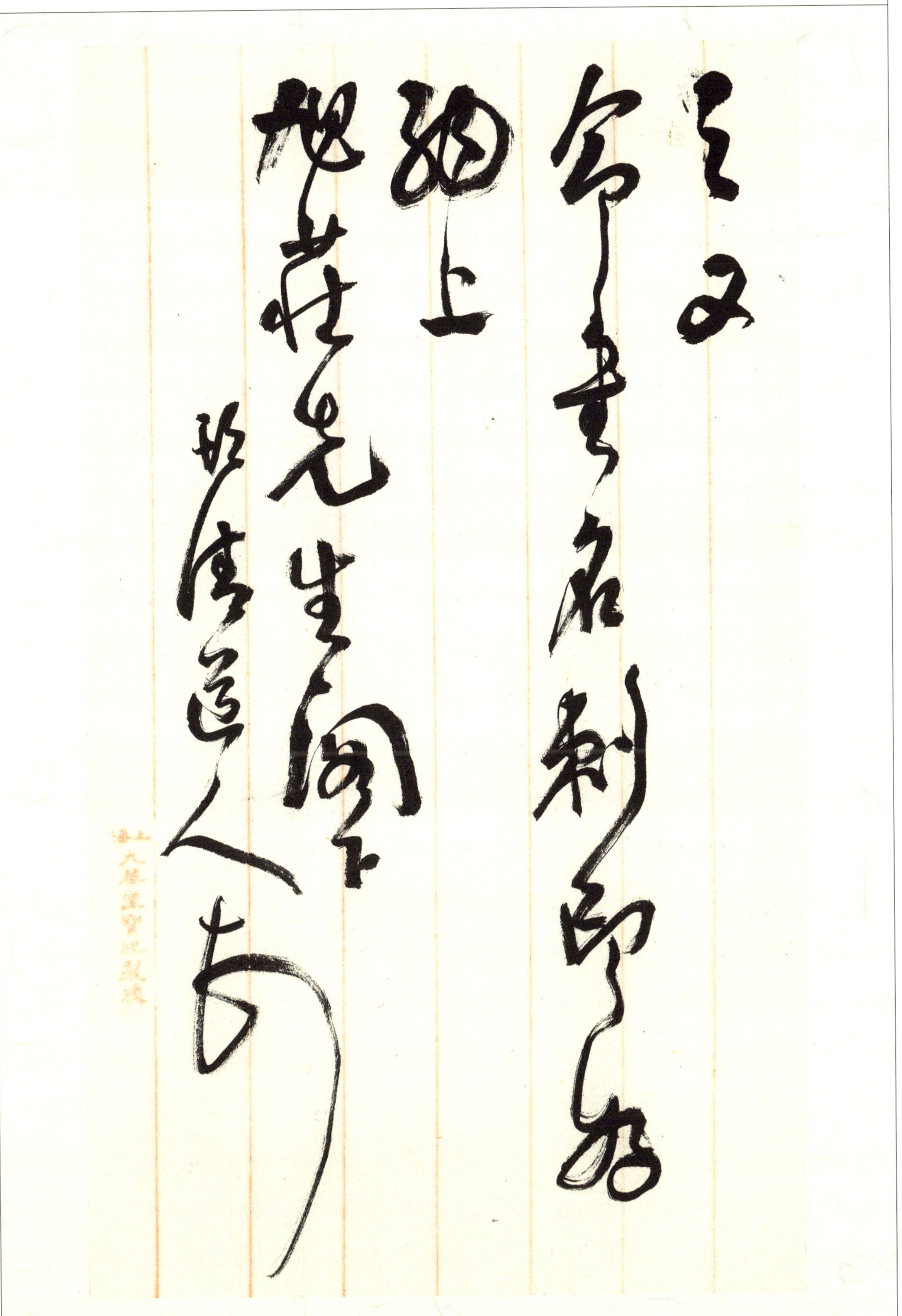

琳琅仁兄世大人閣下：連日歎痛，未出門，前送到

手教並明人詞目，均誦悉。

惠送刻鈔種，拜領謝謝。敝處所藏明人集

檢得張方、沈曹溶村兩家，均附有詩餘，茲先（小傳別紙錄呈）

送上計各一冊，敬祈

登入，即付寫官錄存。又朱朴西村詞並已鈔

嘉靖刻本，錄出僅風入松、念奴嬌兩闋，亦敝

藏有傳鈔之本，增出風入松、滿江紅、水調歌[illegible]

花西江月二闋六首惟劉去一葉改第一第四
轉不全西二三且僅存其目
此處所鈔者尚有此也
示知前抄東方及涵芬兩處所藏明人集
必有在百五十家之外者容再檢查但新得何
蔣二氏之書均待整理者也
寬假時日再行報
命耳

上海藝學社製

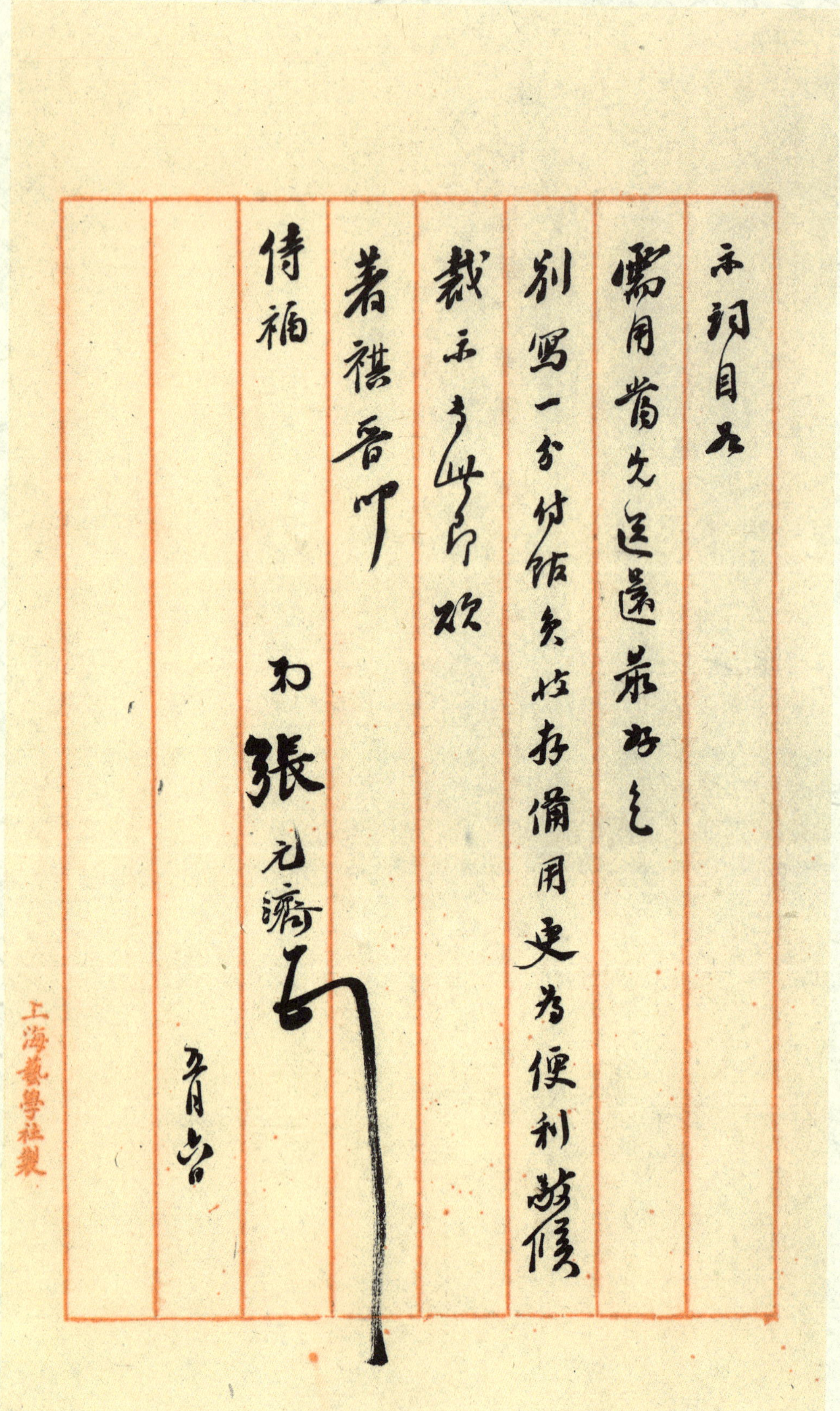

示詢目者，需用當先送還最好々。別寫一分付館長收存備用，更為便利。敬候裁示。專此即頌著祺，並叩侍福。

弟張元濟頓首

五月六日

上海藝學社製

竹老賜鑒：昨奉
惠書，以丹老函崇明須半月來蘇，俟其來當以
尊札告之。皓電甬長正默會遠人所渴之消息而來，吾
輩絶非擁某拒某，但以堂堂鼓，正正旗，莊論正言，使
成一種輿論，雖不敢謂有效力，然政府本不欲其伸脚
東南，且當各派互相抵拒之時，或兩方相消，歸於不動，
則於此猶豫狀況之下，視我蘇人命運何如耳。京寧
兩地亦有同志鼓吹，惟地方團體尚鮮響應，其故由

他部分為人捧場者与吾輩宗旨適左請
公馳書曉青蔚芝諸公並就近約夢華梅蓀諸老
再接再厲勿使我數人古調獨彈則受
惠多矣年來風氣以稍露頭角者為出風頭而醉心
權利之徒則聽其橫行而不問不得不使人氣沮也
新秋殘暑諸祈
珍衛不宣
一麐謹復 八月廿五

浙江官紙局製

烋雛先生左右：昨奉
手教具悉。摺臣（名祖年）同年所刊梅花知音，已
書而未見其本。緣已時來往寧蘇，蹤跡甚
疏。後摺臣移滬，不久病殁，故拾緒未及一覽。
其書晚出，在蘇亦未發行，其後人已將遺書盡
鬻，并宅舍亦易主矣。同

披玉雲齋

示後編於城中去肆覓訪皆言未見亞巖城不可
復得矣其介弟為李祖雲大律師不知能就近
一訪否此外則子岱處無書寄之亦未知也（子岱在滬住振華旅館）
甄訪不周至深慚歉反紅友詞律已覓得一本著手移
校惜後先甚繁未能刻日畢工耳月杪到滬當一
詣談無後即頌
著安 弟述頓首 三月十九日

叔雍先生撰席奉
教敬悉詩餘廣選 敝處所存之本當年置書篋中
現編檢不見俟檢出即行奉贈決不爽約小窗處所
缺六卷不止三四兩卷也便乞
垂示
前假三百詞譜白山詞介二書先檢出送上
台鑒
命題孜各則 秦伯虞陳伯雨均係故交其事實當託人訪

之餘亦代訪設有所得隨時奉陳再徐士俊卓人月兩
家詞名徐卓晤歌附刻詩餘廣選後想亦宋亦當同前
書交呈
尊處也拙藏詞總集大部
鄴架中所有者容鈔目呈
鑒海曲詞鈔尚未檢得檢得後寄上也覆請
撰安

徐乃昌敬上 廿三

惜陰之人轉瞬陰曆又改歲矣久未晤談爲歉此間事
南方視之亦殊未得真相如前日之通電反對選總統
者以爲電內有名者即其人亦強名其一面得錢一面爭
附名於此電者正不一人而其不與此電者亦未必人人得錢
要以得錢爲概多之數而已其實曹之夢想果以何段
而無成之方未能贊同豈得由彼一想情願此不成問
題也但憲法亦必無成以省憲爲大效其中利害關係各之
不同有公有私但私多而公少耳惟有此後雜乃爲根
憲者如法之數人議定之憲正於事實無效也近有人
發起糾合議員團視察赤俄 弟 杜贊成之列協會咸

將携小兒至俄國一行，共產公妻勞工制度不可不親往
一觀，雖不能一一過眼，然目擊究勝於耳聞也。近作時
事演樂府三十首，另奉寄。　妹倩于以兒尸居京邸
之無賴，夏間若返滬，送小兒入震旦學堂習法文，預備游
學法國。以滬國震旦近似不便更往也。常事若聽得過，為
可赴滬閑居；若竟聽不過，亦須赴滬課食，携兒就學，
仍得父子相依，為排遣之計。獻歲以來，
尊履想益康娛，惟　媽亦偕叔近狀，敬請
潭居萬福
道安　弟　森　手上　小兒侍叩　新正初五

竹公左右：昨日議臨時政府地點，訖無成議。主鄂者推右下走，主金陵者
推右克強，而漁父尤斷斷不能讓論。今日所望在臨時政府從速發表，若如漁
父固持之說，又遷延無期矣。雪樓、黎仙意亦主鄂，而皆噤口結舌，不敢堅持。蓋雪
處嫌疑之地，黎公慎于發言。然今議政府地點者，惟在一二革命黨之口，此豈非
國人之恥耶？黎仙私言，前此認武昌為政府，危而蹐蹐于心，有疚。此誠共者之
言，然不敢當眾發表，而獨與下走私語為之。快然竊念業已滿政府雖處窮
蹙，然猶有兵禍時，有城雖危急，將泡猶未入，外府為者會必待其失正守，乃
移行省于他處。今吾儕之認政府，反不能如滿廷之認者會耶？以武昌為都

城以金陵為陪都，此今日正當辦法。顧以大宣法流，以覺邦人，不能僕業所持，政與克終不合，終無淩了之期。若曲徇金陵之議，核郢之心必懈，宵昧之策必生（謂大舉北伐），其禍將不可解也。專此致意，敬問起居。

章炳麟敬白 十二日

竹石先生閣下：上年得
蒞西園，追隨杖履，未及敘後，
甚爲歉然，乃時有違，又必得
益諒解也。弟在此辦賑，林東
石閣相訊，覺意甚然，但不負
來示是的院之某位以路廳補

助之經費積欠年作急要五十餘萬方敷
尤為艱窘勢同觀此千六百名之
無告兒童殊覺不能資為衣
日夜何不安者也上海之函
而應顧之聊擬碼頭租每月三千
元自去年自起即為孩仔等

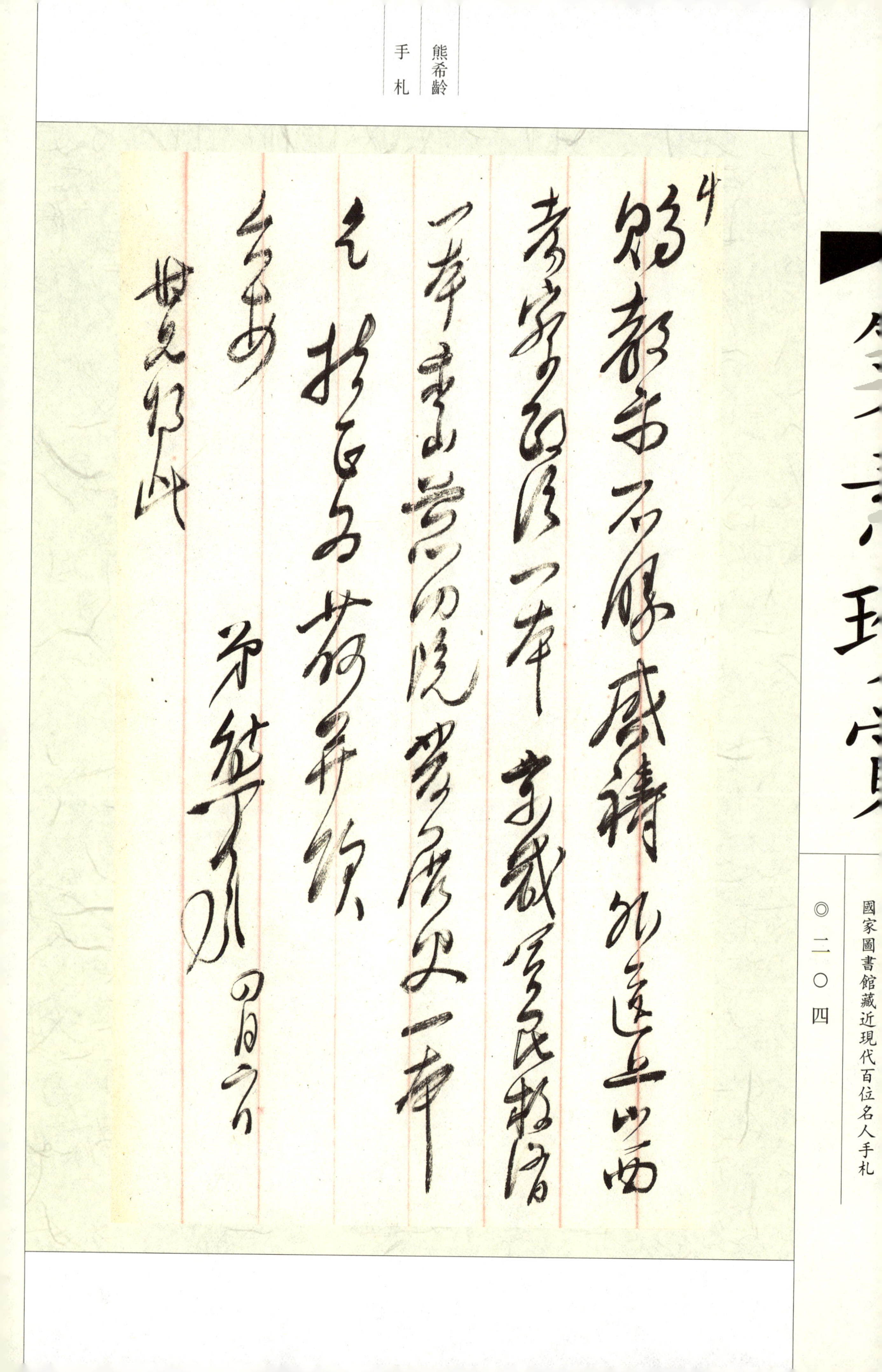

竹回先生鑒：手教敬承，一一。中秋後自滬至容，席不暇煖，遂為京師之行。兩月之中，往返兩次。所經營之事業，輪船已有把握，一二年內可大獲。今有船四十七艘，不為少矣。至整頓需款益巨，成否尚是懸案。吾國人之經濟力，或不足以勝此也。政局之混沌可笑已極，勸告之聲至乎苟苟之捲，悲觀者皆竊竊然有去志，色以為諸督軍從此可以斂迹，而吾民得稍稍庇以安也。然甚閒而恐之後，督軍之叫囂無狀，乃高座者縱縱使然，豈外人輕輕一勸告所能了。覺云子

弟驕縱家長不能呵鄰人適其門而以鴛色叱罵之發奮持戟鄰人不能日伺其旁門以内翻得倒逸之故也自宮無人窺者惟望

尊論謂德總不論何人皆可做但須嚴守規五條之一之爲座者而守此嚴規窺者齊那虎督軍制而并虎其人在民治之宮乃有之之地僅之有威一同輕社何益之足云 十六日陽歷年底書下為總上會本承

教下設女界銀行自中交失信後僅僅女子行小有十萬元積之營運歇有所獲由今觀之一年以建隆我有恢復之望姑靜以俟之啓市商之業利極厚好自爲之自不難繳而復振餘容面陳敬請

大安 孟昭常謹啓 十二月十八

竹老我兄大人

大鑒：此次南來，因遊西湖普

陀，兼隨侍

姑母，以致未能時常訪

知交。乃方欲圖走候，而湘中來電催兒急

返，此時局有變，竟須統率威督全部

設法興出，是以不得不有所計畫。此乃素

見不鮮之舉，惟有聽天由命，總盡人事

而已，未復何言。弟已定十二號夜行，但恐

今未得輪船開時確信，或者屆已十二點

未可知也。今日之事，姑以招去，不能作算。
明日午前當走
辭，並候
燭飲，恐來不及，務請
作罷。並承感盼，專此布復，敬請
晏安。弟曾廣銓頓首 六月十一日

竹君先生執事：前月十六曾肅一緘，言擬回湘一行，諒早塵

鑒。倓陰歷八月十二抵長沙，離開已兩年零四月，風景依然，校中與家中諸物均無損壞，誠大幸事。長沙明德唯專辦中學（歷年辦兩小學，此次停辦以便中學改革），作事共振作精神，注重衛生，然經濟稍舍二年之後，當呈清華氣象，因此校地共有

四千日方大好布置也組安照談一次若應照時久深感我公去歲為漢口明德大學遇事維持終日忙迫未常作書奉候然展湘省校務對於漢口明德一刻不能設法補助為望我公隨時照拂組安對於大局持論甚正深慰鄙向及簡人與北方接洽東海自稱總統

以來無一字往還（吳子玉因此極佩組安）不復有人格矣。中秋後一日往漢，特訪鴻滄（謝無量之兄），令之指出漢校亦早開課，教員亦忝伏食之，新水皆寄賑。此行入京，擬住一月，專為漢校募畫，自盡心力，不敢計成敗。在漢晤湘省國會議員李鑄（字葆生，與周震鱗、陳嘉會同具時望）回滬（家住哈同路民厚南里一六九號），因將俟在滬頗行時訪伍梯雲及少川先生，請其垂提明德大學京閏仁五家

公呈通過定案事告之，請其照標榮一查。如通過，請李君仍要寔向京為來信，其改日提議。李君於中山、中川鐵路處前曾經（均常接洽）長共力言，不知亦到何種程度。李君人有血氣，肯負責任之人，如來事訪，為乞特別接洽為叮。銀行籌款事亦祈公不辭，下次再續陳述。敬請

道安

元倓手啟 十月三日

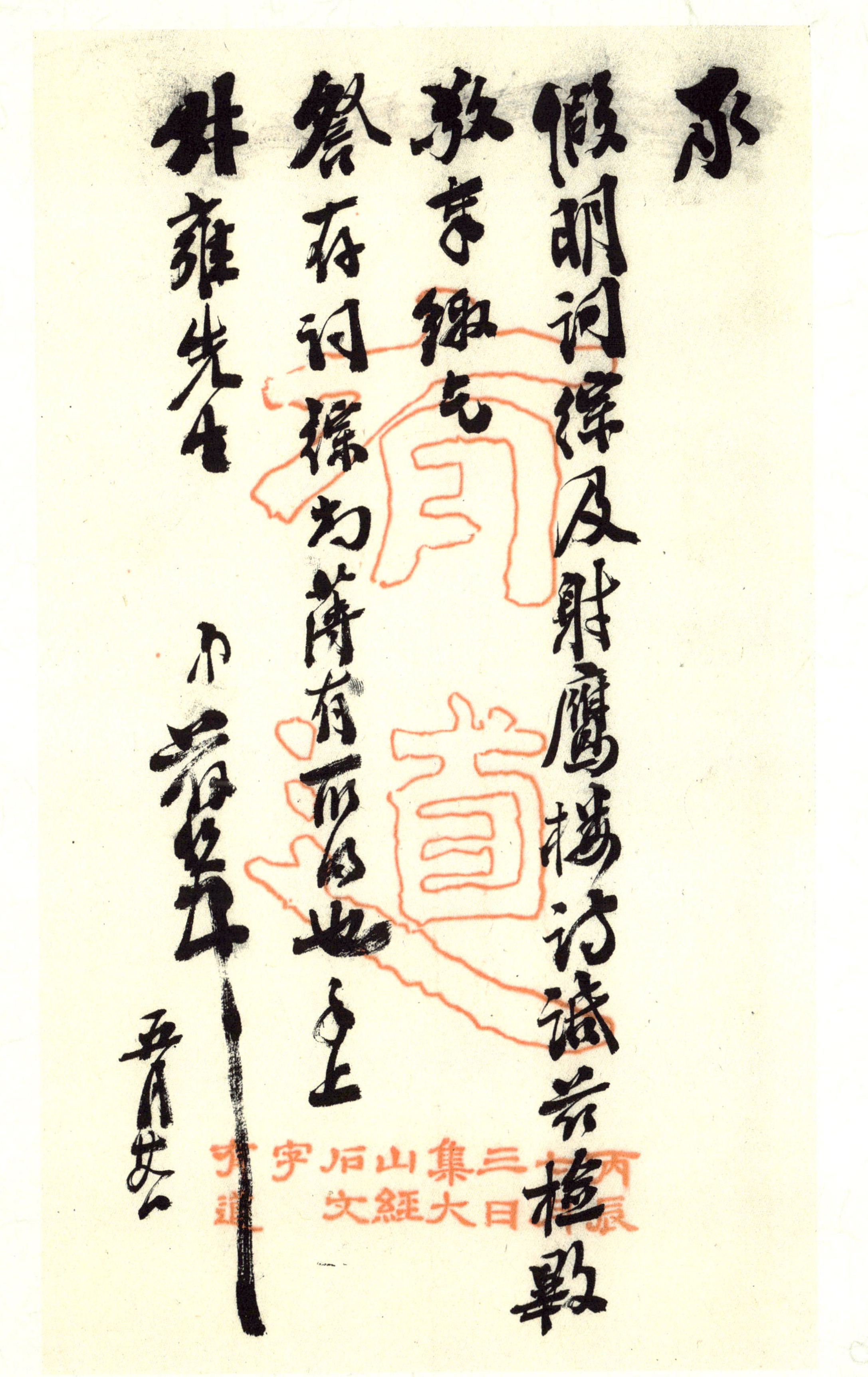

承
假明詞綜及射鷹樓詩話，並檢畢
敬奉繳，乞
詧存。詞綜為蔣有可得也。上
叔雍先生
小弟葆恒
五月廿六

叔雍先生撰席 使来接讀
手書具審
佳勝為慰 敝藏之詞綜補並非殘
缺因合釘過厚故僅一冊耳 叢書
書目彙編沈生將李氏之叢書舉
要改編而成因李氏原本多謬
誤今一仍其舊而未加訂正故亦謬
誤百出 承蒙

上海醫學書局編輯部用箋

指示多多，實深感佩，下次再版時當照改正詞書。弟亦遇有罕見之本，當即奉告，尚復。敬頌
台綏
弟丁福保 頓
十二、廿三、

拙著詁林再版短序一首，擬仗大力登入貴報。未知可否。新聞報因乏熟人，故未寄去。又及

欽定詞譜今坊間售價甚昂，非二百元不能得。弟擬重付石印，恐無銷路，他日擬請先生在報上提倡。

上海醫學書局編輯部用箋

仁山先師刻大厂劉元本證道歌註後敘板式

遐公濬老前輩雨樓

清興承

教,擬蓋快感無似。歸後偶風又復困於

敝藏(付鈔)勞巽卿鈔宋二十家詞中有舒亶信

道詞、蘇庠後湖詞、曹組元寵詞,儗隨抄送。

兩宋人詞校刊,此非僅花草粹編一書。近患

趙叔雍先生處有此書鈔本,未便借觀。惟前

聞三家詞未知粹編選錄否,溢出樂府雅詞

石埭弟子大厂敬以起信論語為正信開證題

號 紙

仁山先師刻大厂藏元本證道歌註後敘板式

之外，無從可否，乞

轉求姚蕤代查一查，如有不若樂府雅詞

所載之什，惠予錄福，見示，以校拙藏，則（拙藏為雅詞所缺者三首，共九闋）

甚幸矣。鴻素孤陋，藏書未富，姚蕤先生

如有瑤藏南北宋詞集，皆多家所未校刊，

最願能專人鈔一福本見賜，俾得由學院

校刊，引世功德，不亞于瀛沈也。肅此，

鈞禔　大厂鴻叩　十九日

石埭弟子大厂敬以是箋論諸名公信問聊題遺存

少川季直雪樓
秩庸藝仙竹君諸先生大鑒：不見
三年矣，海天遙望，懷想時深。
前上一函，諒蒙
詧及。近維救國以長，扶世道爲
憂，勤勤之餘，動定綏吉，欽頌莫
名。袁氏謀叛帝制，自爲古今
以前國民塊伏於淫威之下，莫
敢或動

公等以海內碩望翹然高邁不受
塵汙袁強百計招致而去之愈遠
正義所存中外傾動自此民氣稍
伸矣滇黔起義桂粵兩浙繼起
護國軍聲勢愈振逆勢益蹙
大局解決當在不遠但袁尚負
嵎亂猶未已全賴
公等合力主持逼令早行退位

老三益監製

與他意見歧異之處尤從中斡
旋使趨一致以便根據約法早奠
邦基於國家負疚實多學識
未增寸心不死此次由美抵東意
欲於個人力所能爲竭誠圖之爲
國人補助倘荷
公等隨時賜教尤所忻幸敬頌
道安 弟黄興謹啟 五月十七日

老三益監製

壯雍先生閣下：別數月矣，比維
公私百萃，盡記。舍弟前寄吳遊
草及
大作二種，云出自
尊賜，敬拜領。日前到滬，正欲趨
訪，而未悉時間，或恐相左，敬乞

上海新新有限公司出品

賜惠數行，敬集已出板，一并面呈
指教。諸容面談，不贅。敬頌
箸祺
楊圻頓首 二月草
敬家康腦脫路六十六號朱家

上海新新有限公司出品

壯孫吾兄惠翰來諗
近狀安善為慰昨得吷庵和元日詩極佳
元日拙作不值一噱而和者百餘人可云甚
盛同社堅屬刊行已彙付鈔胥題曰崇
朝唱和集尅日剞劂兵戈擾攘之世猶得
萃四方俊彥摛翰抽思賡嚶鳴之
什夫豈易事諸貞壯久不通問亦不知其

佳祉

昨時奉道念前索和章迄未得報并乞

力僅能於半月內寫京從及入集三十年

老友尤盼得彼妙句寶吾篇也以遠近

狀同以亦盼賜和書衡一序樹屋

登閱即頌

撰安

倜再　六月三日

竹老前輩道鑒：別已年餘，每於南來知友中得悉
道範爲恒，不勝欣慰。世態炎涼，於今爲烈，撫懷十年
前歲承我　公贈袍之意，斯時尚未感冥，故不敢受。
日前忽於冰天雪地之中，由述勤嚴轉來，為我為茶之首。
扶拜領之餘，感激不知所措。然自問學十餘年來，既以非佛
法不能挽救眾生之浩劫，而薪願又確信佛不妄語，故無論
貧癡衰老，皆所不顧，幸此微軀以進於此生，或有無負之日。
果能如是，則我　公之高誼不啻爲一切眾生助出苦之資印

不然必有所以圖報者請俟將來現僅以每日修法次迴向我
公康强逢吉增壽一紀致出家人聊報施主之恩而已
幸應道 亦不作覆不鳴謝明此感荷之情時形夢寐
所申數語以了此心而已
原宥敬候
道安 後学陳圓白和南 新十二月一日

林雍先生詞宗惠鑒：夙仰
鴻名，未親
儀範，情殷景慕，不盡依馳。承
惠贈大著和小山詞暨前刻和珠玉詞
蕙風詞及詞話共五册，拜領之下，感謝
莫名。和晏
尊作芬芳悱惻，逼真叔原，欽佩已極。
蕙翁詞話年中罕見全本

百朋之錫承戲弗讓矣 弟詞學極淺初
學弄翰猥承
青目慚悚交并拙詞甲稿今覺深悔出版
當大加刪汰另訂乙稿和清真專調約六
十餘闋月内擬送呈
政步周詞似微勝甲稿然比之
當和晏詞則猶小巫之見大巫也另拙著
曲律易知二冊送呈 哂存專此敬頌
春祺
弟許之衡拜上 廿七日

中華職業教育社用牋

惜陰先生大鑒：

敬啟者，名單內孫君係舊時廣明小學、浦東中學學生，後[illegible]張[illegible][illegible]之便函，請轉交最好。請屬孫君來會一談。或一二人素所好。因有友托詢赴瑞士留學種種費用，並請

社址 上海西區方斜路

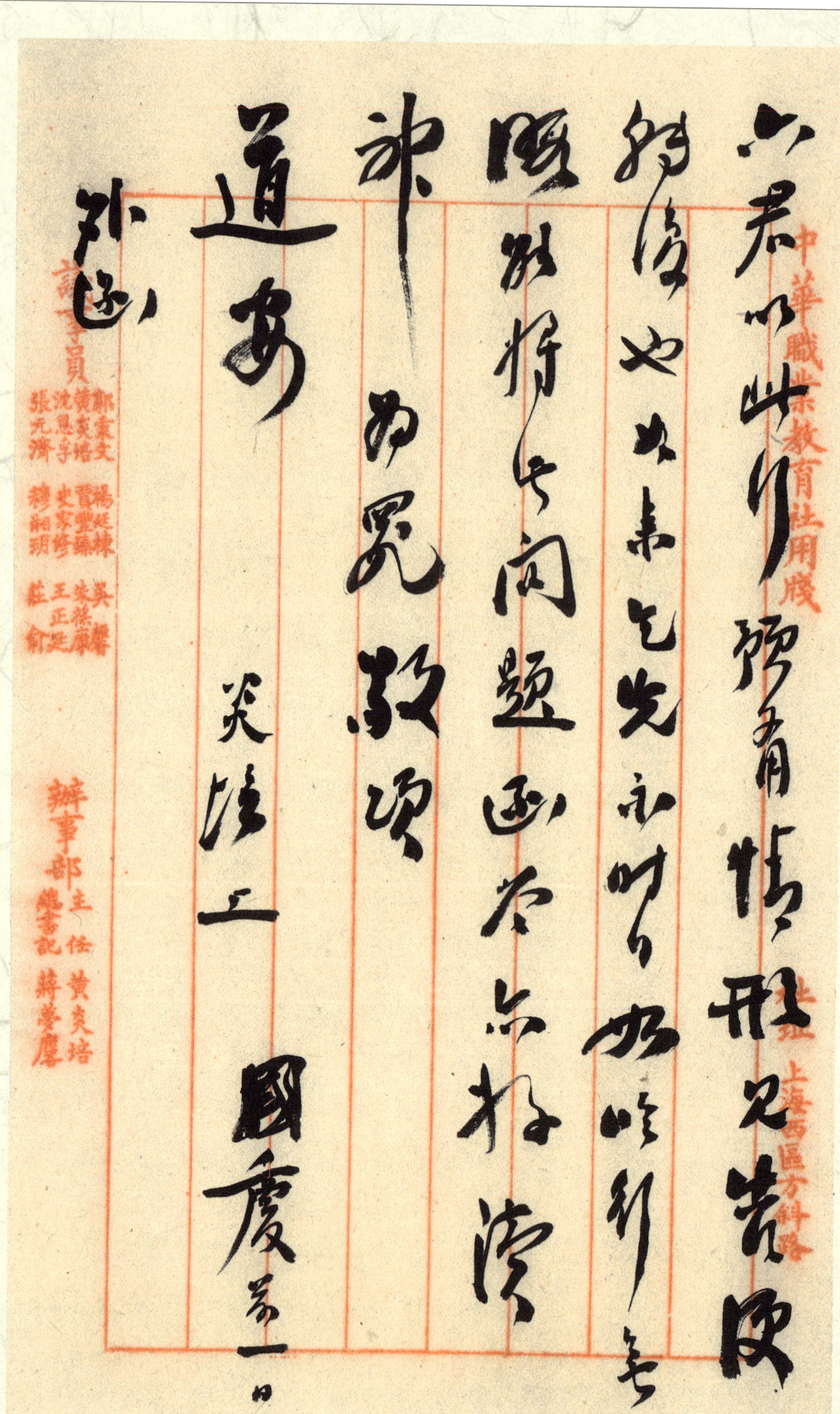

以君以此行預備情形足資便
錢後也故來乞先示明如昨行為
暇時將近問題函告亦務請
示爲感敬頌
道安
炎培上 國慶第一日
外○

中華職業教育社用牋
社址 上海西區方斜路
議事員 鄒秉文 黃炎培 沈恩孚 張元濟 楊廷棟 賈豐臻 史家修 穆湘玥 吳馨 朱葆康 王正廷 莊俞
辦事部 主任 黃炎培 總書記 蔣夢麐

竹君先生大鑒：頃得袁伯夔兄復函云，詩老（庸庵）明年四月廿八日大慶，陳伯嚴、余堯衢、夏劍丞諸先生發起壽屏，伯夔承屬陳伯翁為文。走頃函伯夔，以詩老素多積蓄，若能以所資少藉壽儀為集一瓣敬作壽禮，似更有實益，不知可否？乞賜教為幸。此頌

鑪安

其杰謹啟 十五日

國立中央大學國學圖書館用箋

叔雍先生吟几 荷
教敬悉 升庵詞及
渚山堂詞話均可 代鈔 惟各地
託鈔之件近頗擁擠 倘寫官得分其
力 請寄令媛計字數約算鈔費 俾
閱卷冊不多 必可提前也 前承 允假
某君手稿紀述諸物時事之書必可
檢寄 敬希 郵示以便迻錄副
本 敬頌 節祉 即祈 文安 蕙風先生全著

館址 南京龍蟠里　　年　月　日

國立中央大學國學圖書館用箋

館中尚未庋藏鈍隱集，先生屢承賜寄君詞鈔之輯，洵屬名山大業。自愧錢帑無能為役，但冀異時送刻藏書家所輯集之家刻祕本，備之於館，則南中學子受益不淺矣。專此布復，即頌

撰祺

弟詒徵

遜庵諸公并希致聲

廿年十二月八日

館址　南京龍蟠里

林雍仁丈大人惠覽：畫髻記傳奇服已
寄示，捧誦數四，歎其腕筆老姿，式可
早躋新聲以還流播。宋詩鈔三十冊送
上，我師去信採以便特及涵芬樓校勘發
傷雅從速，及還尤所附謝，手此祗請
侍安。宣龔頓首　十一月卅
大作甚佳，不遠異，遲遲望乃於前數月公會刊瀨矣矣

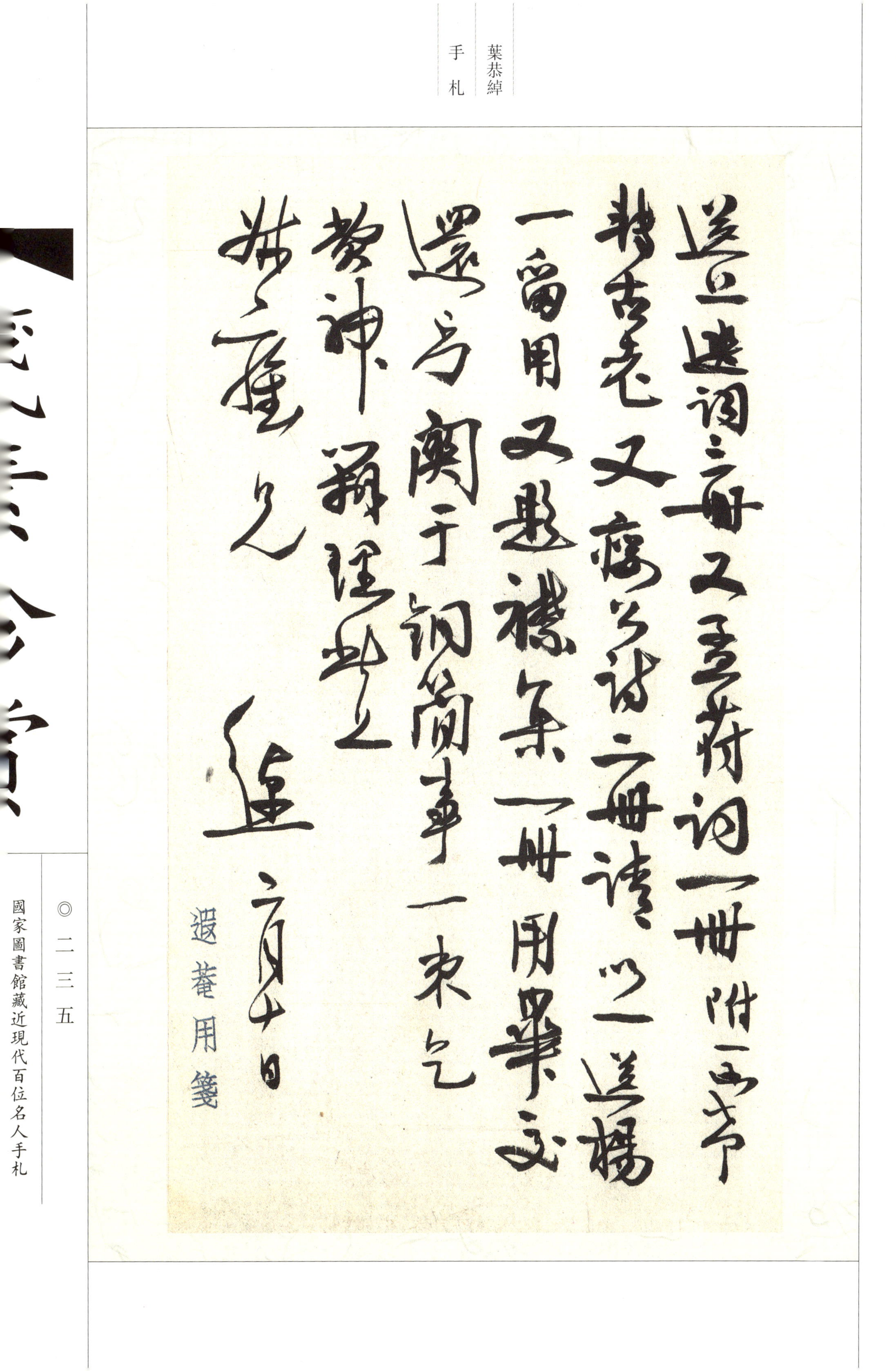

遐菴用箋

叔雍先生執事：屬書楊杏佛君來具遲，鑒之。從吾奉手教，猥以國慶

古香室監製

頃刊文字見示
熱忱不可復
國難年心如懷
并山遂復能奮
筆為文以匡時

雖然以
雅意殷拳來
敢固辭聊以澤
文塞責殊蹇安
不復成文彌惶悚

古香室監製

惕[illegible]时矣如
之直譯略一步
趨势一变一[illegible]易盖
中外文字组合
[illegible]才比而同之

古香室監製

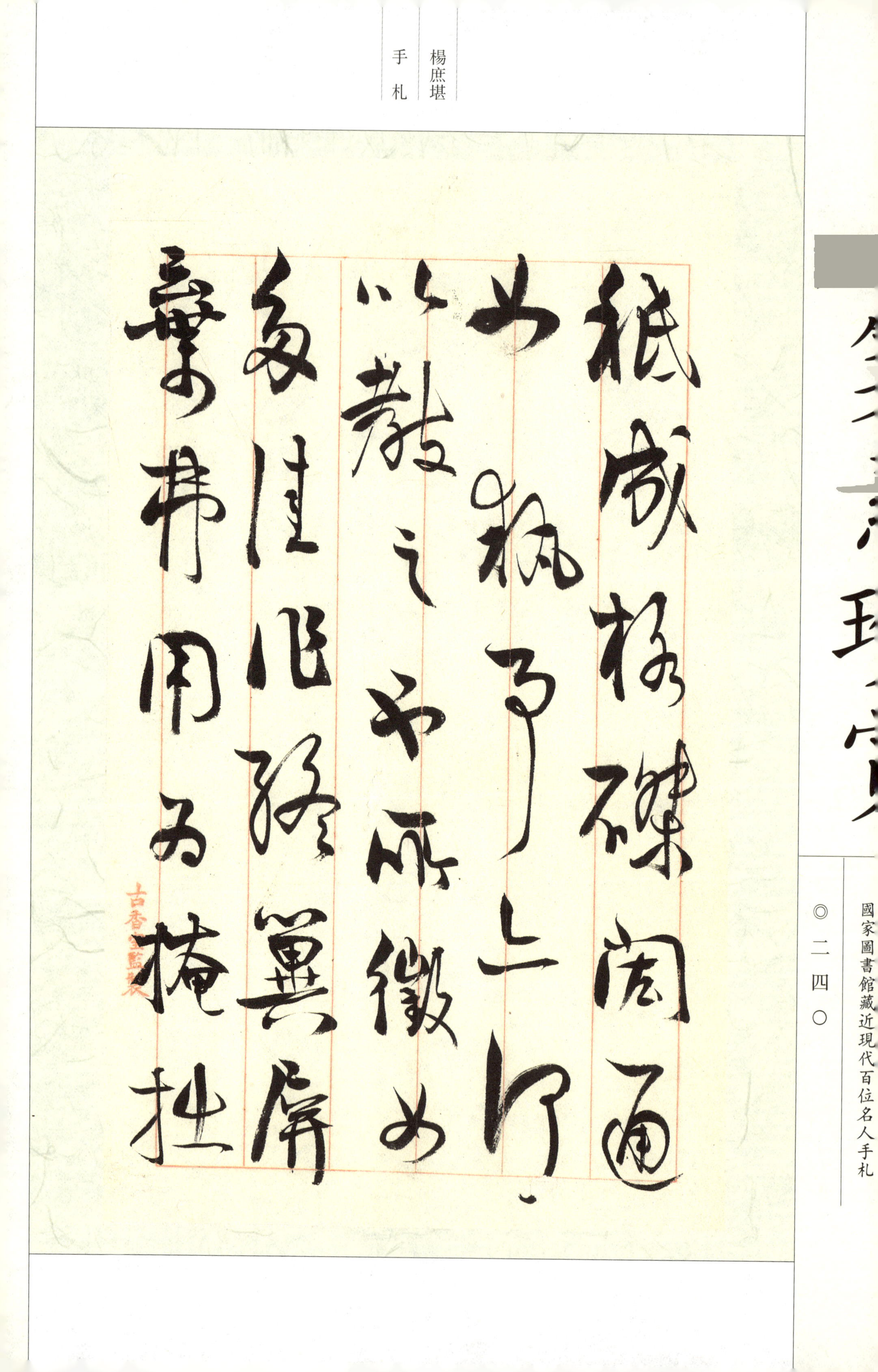

再修書呈照 即頌
撰祺 柳庶堪拜上
九月十九日

楊庶堪

古香室監製

竹君先生大鑒前自邗上還趙
教適
駕出不值悵惘无已比維
起居清勝為祝哈埠甆產銀行比得友人
書悉已完全結束每股百元尚可收回三百卅餘元
是項報告未識已未寄到滬上多股由遺

逕託哈受代領離滬時曾託蔣君蓋蘋代
達曾否已邀
台洽殊念該行事遺未嘗与聞而爲庸生
經手多事中拖歟之一端耳冒昧自任欲代
免受了此一重公案耳專此即承
道履 陶遺再叩
一月六號即己未十二月既望也

燁雛吾兄大鑒：

手示等悉，苦心孤詣，溢於

言外。

尊囑寫印，縷思縷縷，報

命。右達

學棣 [illegible]

碩居輔全繼以計于秉四義務
弟情調學校安插弟為
請擇擇情形尊切函告
為標準如須即請
撰安 弟士釗頓首 十九日

任之先生大鑒：日前

大駕蒞京，未獲面談，至為悵歉。承

囑為申報館雙十號撰「民國十二年之中國」一文，自慚

簡陋，未敢擅撰，且關於五省統計材料太不完全，竊

恐貪卒草成，有失大報價值。既承

敦促，祗得就五省形勢之論，較易藏拙，茲撰就

奉上，如不適用，請棄置之，決不見怪也。現寓已移

北京西單北榆錢胡同二十號，以後如有

賜教，請寄此處為荷。专此，敬頌　大安

弟　書城上　九月十二日

竹君先生左右：別滬後諸事蝟集，為未走候履祉。承寵召，並蒙觀樓々。晚又須赴程北上

未能趨陪并藉聆

教言如希見原生

幸將村所技請

道安

魏宸組頓首

十三

剛聞友人言報〻被扣由於森文長此濫筆
轉累報館非所以愛之也請
公準其解約為幸此後偶或興到為
公作幾篇研究政黨時事之長文分兩三日 作為時論
登載尋以充篇幅如說時之評不能再
作矣此皆拙見〻意之 諒〻為幸此上
敎庶姻丈早安
張制嘉森叩 即日

後記

《箋素珍賞——國家圖書館藏近現代百位名人手札》選自國家圖書館善本部名人手稿文庫，均爲國家册府珍藏。國家圖書館所藏歷代名人手札極爲豐富，本書所選僅限於近現代，百人，人各一通，匆促草成，全無章法，書海拾貝，以人物生年先後串起，聊供憑弔——那個逝去不遠，曾經天翻地覆、風雲際會、影響深遠的時代；聊供品味——那些曾經創造了歷史亦被歷史所造就的各路風雲人物；聊供賞閲——甄選在本書中的晚清、民國各色花箋、素箋紙上極具個性的名人手迹墨寶。並以本書獻給國家圖書館建館一百週年、國家圖書館出版社（原書目文獻出版社、北京圖書館出版社）建社三十週年，以志紀念。

國家圖書館出版社

二〇〇九年八月

國家圖書館出版社簡介

國家圖書館出版社，原名書目文獻出版社，一九七九年成立。一九九六年更名為北京圖書館出版社，二〇〇八年改為現名。

本社是中華人民共和國文化部主管、國家圖書館主辦的中央級出版社。建社三十年來，依托國家圖書館的豐富館藏，並與各圖書館密切合作，形成了兩大專業出版特色：一是整理影印中文古籍等各種稀見歷史文獻；二是編輯出版圖書館學和信息管理科學著譯作，出版各種書目索引等中文工具書。此外還編輯出版各種文史著作和傳統文化普及讀物。

國家圖書館出版社設有社長總編辦公室、財務部、古籍整理影印編輯室、圖書館學情報學編輯室、綜合編輯室、文史編輯室、中華再造善本編輯室、營銷策劃部、發行部、儲運部等部門。